Deutsch - Echo 2

Lernen durch Wiederholung

— Mittelstufe —

ドイツ語エコー 2

〈中級編〉

Hideaki Takahashi

ASAHI Verlag

本書の音声は下記ホームページより、ストリーミング再生・ダウンロードできます。

●ストリーミング再生

http://text.asahipress.com/free/german/deutschecho2/

●ダウンロード

http://text.asahipress.com/free/german/deutschecho2-dl/

●表紙／駿高泰子

●写真／ Shutterstock、高橋秀彰

●イラスト／くぼゆきお

はじめに

この本を手にとっている皆さんは、一通りドイツ語の基礎を学んできて、さらにドイツ語力を向上させたいと思っている方々だと思います。日本のように、ドイツ語を使う機会がほとんどない環境での学習には、多くの困難が伴います。本来、外国語学習はその外国語を使うために行うはずなのに、実際には使う機会があまりないというジレンマを抱えながら、自分で学ぶための工夫をしなければならないからです。例えば、ドイツ語圏の音楽や文学、建築など何でもいいのですが、ドイツ語圏の何かに興味がある人は、ドイツ語学習のモティベーションを維持しながら、ドイツ語という新しい窓を自分の心の内に作っていくことができるでしょう。しかし、誰もがそのような興味を持っているとは限りません。ドイツ語を使う環境を国内で見つけるのは容易ではありませんし、毎年ドイツに行くわけにもいかないので、ある意味当然のことでしょう。そこで、違った視点からドイツ語を眺めてもらいたいと思います。

最近は、観光や仕事のために、外国から日本にやって来る人が増えています。日本で生活している私たちにとっては当たり前のことが、そうした外国からのお客さんにとっては珍しかったり、変に思えたりすることがたくさんあります。本書は、ドイツ人の視点から見た日本の特徴をスケッチで描写し、日本に住む私たちの視点から再確認するという学びを期待しています。異文化間でのコミュニケーションは今後ますます重要になってきますので、外から見た日本を、内から考え直し、日本のことについて外国語で発信できる能力を育むことはとても大切です。情報を発信するためには、それなりの文法や語彙の知識が必要になってきますので、本書が難しいと感じられる学習者もおられるでしょう。しかし、難しいことを一つ克服するごとに、自分の理解と表現の幅が少しずつ広がっていくのです。一方で、完璧な外国語運用を目指すのは非現実的であり、時には学習の妨げにもなりかねません。中級レベルになると、学習目的やモティベーションの個人差が、学習スタイルに大きく反映されます。太く長く学びたい人、細く長く学びたい人、いろいろな人がいていいと思います。肝心なことは、学びをやめないことです。これからは、自分のスタイルでドイツ語と末長く向き合い続ける姿勢が、とても重要になってきます。そのために、本書が少しでも皆さんのお役に立つことができれば幸いです。

本書の作成にあたっては、企画の段階で朝日出版社編集部の山田敏之氏から多くの示唆に富むご助言をいただきました。また、本書の編集全般では、日暮みぎわ氏に全面的に助けていただきました。両氏に心より感謝の意を表したいと思います。

高橋秀彰

この教科書でドイツ語を学ぶ皆さんへ

ドイツ語を学ぶに至った理由は人それぞれでしょうが、学ぶことになった以上は最低限の基礎力を身につけて達成感を味わってほしいと思います。そのために、この教科書を使ってドイツ語を学ぶ皆さんに実践してもらいたい勉強の方法をお伝えしておきます。

✼ 必要な道具

✓ ノート（不可欠）
✓ 独和辞典（不可欠）
✓ 参考書（望ましい）

✼ 教科書に、練習問題の解答や単語の意味を書き込まない

この教科書は、練習問題を繰り返すことを前提に書かれています。解答や単語の意味などは練習問題の部分に書き込まず、全てノートに書いてください。答えや単語の意味を書き込んでしまうと、復習の時に目に入るので、練習にならないからです。解答や単語の意味を見ないで練習問題が楽にこなせるようになれば、その箇所の基礎力がついたと判断してください。

✼ 「置き換え練習」を日課にする

各課にある「置き換え練習」は用意された音声（解答付き）をつかって何度も繰り返してください。テキストを見ないでできるようにしましょう。毎日何度も繰り返すことで、基本的な形が身につきます。機械的に繰り返すのではなく、必ず意味を考えながら練習しましょう。できるようになったら終わりではなく、できることを繰り返すのが大切です。日々の基礎トレーニングだと思ってがんばってください。

✼ できるだけ毎日、少しでもいいから勉強する

新学期の開始直後には、がんばってドイツ語を学ぼうという意欲があっても、時間がたつにつれ、サークル活動やアルバイトなどで忙しくなり、思うように勉強が進まないこともあるでしょう。そんな時には、15分程度でもかまいませんので、練習問題をやるなり単語を覚えるなりがんばってください。全く何もしないのと比べると、15分の学習でも天と地ほどの差があります。試験の直前だけ勉強するという悪い習慣が身につかないように注意しましょう。

✼ 難しくなってきても、ひるまないで勉強を続ける

先に進むにつれて、覚えるべき単語や文法事項が増えていきます。日ごろの学習の積み重ねがないと、ついて行くのが難しくなるでしょう。しかし、積み重ねが不十分だからといって、あきらめないでください。目の前にある課題を根気よくこなしてください。

✼ 「わかりたい」という気持ちを大切に

何らかの事情でドイツ語学習から離れても、あきらめないで復活してください。予習・復習を怠ると、授業で学ぶ内容がわからなくなってしまいます。しかし、「わかりたい」という気持ちがある限り、必ず取り戻せるので諦めないでください。

● 目次 ●

Deutsch - Echo 2

Lernen durch Wiederholung

ドイツ語圏略地図

（▭はドイツ語使用地域）

Lektion 1

基本的な表現の復習など

1 キーセンテンス

1-02

1. Endlich bin ich in Kyoto!
2. Ich habe gehört, dass es im Sommer in Japan sehr heiß ist.
3. In der Sommerzeit gibt es zwischen Japan und Deutschland einen Zeitunterschied von sieben Stunden.
4. Ich freue mich sehr, dass du gut in Japan angekommen bist.
5. Alles ist gut gelaufen.

2 Grammatik

1 endlich 「ついに、やっと、とうとう」

それまで待っていた状態になって、嬉しいという気持ちを表します。

Endlich bin ich in Kyoto! ついに京都に来たぞ。

Endlich beginnen die Sommerferien. ついに夏休みが始まるぞ。

2 Ich habe gehört, dass ～ / Ich habe gehört, ～ 「～と聞きました。/ ～だそうですね。」（㊮ *I've heard that ～*）

Ich habe gehört, dass du in Deutschland studieren willst.
君がドイツに留学したがっているって聞いたんだけど。

Ich habe gehört, sie ist Lehrerin. 彼女は教師だと聞きました。

3 es gibt 4格 「～がある」（もの・こと）、「～がいる」（人）

Für Studierende **gibt es** hier einen Rabatt von 10 %.
ここでは学生には10%の割引があります。

Es gibt hier nichts zu sehen. ここには見所が何もありません。

1-03

置き換え練習

音声を聞きながら下線部を置き換えましょう。

(1) Endlich [bin] ich in Deutschland! ＜seinの変化の復習＞
wir, du, ihr, sie (彼女), Sie (あなた), er, sie (彼ら)

(2) Ich habe gehört, sie ist Lehrerin. <～と聞きました>
er ist im Krankenhaus, Smartphones schaden Kindern, die EU will die Sommerzeit abschaffen, Jugendliche in Japan lesen immer weniger

(3) Für Studierende gibt es einen Rabatt von 20 %. <es gibt 4格>
Für Kinder, Für Senioren, Bis Ende August, Ab 8 Personen, Für Daueraufträge

4 再帰代名詞 sich⁴ über 4格 freuen / sich⁴ freuen (darüber), dass など

sich⁴ freuenは使用頻度が高く、使い方も多様です。

(a) über 4格（～を喜ぶ）、auf 4格（～を楽しみにする）
Ich **freue mich** sehr über das Ergebnis. 私はその結果を喜んでいます。

(b) zu 不定詞句
Ich **freue mich**, dich zu sehen. 君に会うのを楽しみにしているよ。

(c) dassに導かれる複文
Ich **freue mich** sehr (darüber), dass du gut in Japan angekommen bist.
君が無事に日本についてとても嬉しいよ。

Ich **freue mich** sehr (darüber), dass du das Examen bestanden hast.
君が試験に合格してとても嬉しいよ。

	ich	du	er/sie/es	wir	ihr	sie/Sie
3格	mir	dir	sich	uns	euch	sich
4格	mich	dich	sich	uns	euch	sich

sich⁴ beeilen（急ぐ）, sich⁴ erkälten（風邪をひく）, sich⁴ um 4格 kümmern（～の面倒を見る）, sich⁴ um 4格 bewerben（～に応募する）, sich⁴ ändern（変化する）, sich⁴ langweilen（退屈する）など

5 関係代名詞

- 関係代名詞の性・数は先行詞に合わせます。
- 関係代名詞の格は関係代名詞節中での役割（主語、目的語など）で決まります。
- 関係代名詞節は副文なので、定形は最後に置かれます。
- 主文と副文の間にはコンマを入れます。

1格 Die Sommerzeit, **die** in Deutschland seit 1980 existiert, beginnt jedes Jahr am letzten Sonntag im März.
ドイツには1980年から存在するサマータイムは、毎年3月の最終日曜日に始まります。

2格 Die Sommerzeit, **deren** Vorteile unklar sind, beginnt jedes Jahr am letzten Sonntag im März.
そのメリットが不明確なサマータイムは、毎年3月の最終日曜日に始まります。

3格 Die Sommerzeit, **der** sie kritisch gegenüberstehen, beginnt jedes Jahr am letzten Sonntag im März.
彼らが批判的なサマータイムは、毎年3月の最終日曜日に始まります。

4格 Die Sommerzeit, die es in Deutschland seit 1980 gibt, beginnt jedes Jahr am letzten Sonntag im März.

ドイツには1980年から存在するサマータイムは、毎年3月の最終日曜日に始まります。

◆サマータイム

ドイツでは、他の欧州諸国と同様に、サマータイム（夏時間）制度を採用しており、3月最終日曜日午前2時から10月最終日曜日午前3時（中央ヨーロッパ時間）の間はサマータイムとなり、時間を1時間早めることになっています。日本との時差は、冬時間では8時間、夏時間では7時間です。

2019年3月の欧州議会では、2021年に夏時間を廃止することが決議されました。しかし、実施の有無については各加盟国に委ねられることになっています。

	男性	女性	中性	複数
1格	der	die	das	die
2格	dessen	deren	dessen	deren
3格	dem	der	dem	denen
4格	den	die	das	die

6 laufen 「(物事が) 進行する」

laufenは「走る、歩く」が基本的な意味ですが、転じて「(物事が) 進行する」の意味でも使われます。

Mein Projekt **läuft** sehr gut. 私のプロジェクトはとてもうまくいっています。

Alles ist gut **gelaufen**. すべてうまくいきました。

1-04

置き換え練習

音声を聞きながら下線部を置き換えましょう。

(1) Ich freue mich, dich zu sehen. ＜sich^{4} freuen, zu不定詞句＞
dich wiederzusehen, mit dir nach Köln zu fahren, mit euch trinken zu gehen, meine Eltern zu besuchen

(2) Ist das das iPad, [das] du gestern gekauft hast? ＜関係代名詞4格＞
die Waschmaschine, der Kühlschrank, das Smartphone, der Laptop, die Tasche

(3) Alles läuft gut. ＜laufen (物事が) 進行する＞
Meine Arbeit, Sein Geschäft, Ihre Firma, Das Experiment, Unser Projekt

1-05

3 スケッチ

[Konversation per Skype]

Thomas: **Endlich bin ich in Kyoto! Ich leide noch unter dem Jetlag. In der Sommerzeit gibt es zwischen Japan und Deutschland einen Zeitunterschied von sieben Stunden.**

Maximilian: **In Deutschland ist es jetzt 16 Uhr. Wie spät ist es denn in Japan?**

Thomas: **Hier ist es schon 23 Uhr. Ich bin heute spät am Nachmittag in meine Wohnung in Kyoto eingezogen. Danach habe ich die Sachen eingeräumt: einen Kühlschrank, eine Waschmaschine, eine Mikrowelle, eine Kaffeemaschine usw. Alles ist gut gelaufen. Morgen muss ich bei der Behörde meinen Wohnsitz anmelden.**

Maximilian: **Ich freue mich sehr, dass du gut in Japan angekommen bist. Ich habe gehört, dass es im Sommer in Japan sehr heiß ist.**

Thomas: **Genau, heute sind es über 30 Grad. Auch in Deutschland ist es manchmal so heiß wie in Japan. Hier ist es aber sehr schwül.**

4 練習問題

1. 文法練習 基礎

カッコ内の語句を使って、「～と聞きました」の文を作り、和訳しましょう。

Ich habe gehört, ～

(1) (Max, sehr gut, spielt, Violine)

(2) (ein Café, eröffnet, in Osaka, Julia)

(3) (in Japan, Japanologie, Marie, studiert)

(4) (bestanden hat, die Aufnahmeprüfung, er)

(5) (Charlotte, einen Japaner, heiratet)

2. 文法練習 応用

カッコ内の語句を使って、(1)～(5)はes gibt 4格の文を、(6), (7)は関係代名詞の文を作りましょう。関係代名詞は自分で補ってください。ドイツ語の文ができたら、(1)～(7)の文を訳しましょう。

(1) (eine Regenzeit, in Japan)

(2) (in Japan, vier Jahreszeiten)

(3) (Getränkeautomaten, in Japan, überall)

(4) (in Deutschland, 16 Bundesländer)

(5) (auch, in Deutschland, vier Jahreszeiten)

(6) Kennst du den Lehrer, (in Deutschland, hat, studiert)?

(7) Ich habe ein Buch gekauft, (geschrieben, hat, unser Professor).

3. 文法練習 応用

カッコ内の語句を使って再帰代名詞の文を作り、和訳しましょう。再帰代名詞は自分で補ってください。

(1) Mein (erkältet, Vater).

(2) In meinem Zimmer (ich, langweile, schnell).

(3) Für die Hilfe (bedanke, bei Ihnen, ich).

(4) Wir (auf, das Weihnachtsgeschenk, freuen).

(5) Ich (fahren, freue, in den Sommerferien, nach Deutschland, zu).

4. 聞き取り練習

1-06

音声を聞いて書き取ってみましょう。

A: ....

....

B: ....

....

5. 対話練習

キーセンテンスを参考に対話練習をしましょう。[　　]内の表現は自分で考えましょう。

A: In Japan gibt es verschiedene Verkaufsautomaten.

B: Was für* Automaten hast du gesehen?

A: Ich habe Automaten für [Nudeln] gesehen.

* was für ～「どのような種類の～」:「～」の格は動詞によって決まります。ここではhabenの目的語なので4格です。

6. スケッチの復習

スケッチを見ないで空欄を補充しながら音読しましょう（答えは書き込まないでください）。

Thomas: Endlich bin i ____ 1) in Kyoto! I ____ 2) leide noch un ____ 3) dem Jetlag. I ____ 4) der Sommerzeit gi ____ 5) es zwischen Ja ____ 6) und Deutschland ei ____ 7) Zeitunterschied von sie ____ 8) Stunden.

Maximilian: In Deuts ____ 9) ist es je ____ 10) 16 Uhr. Wie sp ____ 11) ist es de ____ 12) in Japan?

Thomas: Hier i______13) es schon 23 U______14). Ich bin he______15) spät am Nachmittag i______16) meine Wohnung i______17) Kyoto eingezogen. Dan______18) habe ich die Sachen einger______19): einen Kühls______20), eine Waschmaschine, ei______21) Mikrowelle, eine Kaffeem______22) usw. Alles i______23) gut gelaufen. Mor______24) muss ich b______25) der Behörde mei______26) Wohnsitz anmelden.

Maximilian: Ich fr______27) mich sehr, da______28) du gut i______29) Japan angekommen bi______30). Ich habe geh______31), dass es i______32) Sommer in Ja______33) sehr heiß i______34).

Thomas: Genau, heute s______35) es üb______36) 30 Grad. Auch i______37) Deutschland ist e______38) manchmal so he______39) wie in Ja______40). Hier ist e______41) aber sehr sch______42).

5 スケッチの確認

余力がある人は次の文章をドイツ語に訳してみましょう。

トーマス： やっと京都に着いたぞ。まだ時差ぼけだよ。夏時間では、日本とドイツの間に7時間の時差があるからね。

マクシミリアン： ドイツでは今16時だよ。そちらでは何時？

トーマス： ここではもう23時だよ。今日は午後遅く京都のアパートに入居したんだ。その後に、どうにかいろんなものを配置したよ、冷蔵庫や洗濯機、電子レンジ、コーヒーメーカーなど。すべてうまくいったよ。明日は役場で転入届をしなきゃ（住所を届け出なければならない）。

マクシミリアン： 君が無事に日本に着いてとても嬉しいよ。日本の夏はすごく暑いと聞いたんだけど。

トーマス： そうなんだよ、今日は気温が30度以上もある。ドイツも日本と同じくらい暑くなることがあるよね。でもここは蒸し暑いんだよ。

Lektion 2

数詞
(日付、序数、分数など)

1 キーセンテンス

1-07

1. Welches Datum haben wir heute? – Wir haben den 26. Juli.
2. Der Unterricht dauert vom 1. August bis zum 31. August.
3. Wie viel Prozent der Studierenden in Japan kommen aus Europa und Nordamerika?
4. Alle zwei Wochen müssen wir eine Prüfung machen.
5. In Deutschland ist für fast jedes dritte Kind in Großstädten Deutsch nicht die Muttersprache.

2 Grammatik

1 日付を尋ねる

Welches Datum haben wir heute? — Wir haben heute den 10. April.

Der Wievielte ist heute?
Welches Datum ist heute? — Heute ist der 10. April.

今日は何日ですか。 — 今日は4月10日です。

2 「〜(期間)で」

<単数形>

1日で	in einem Tag	(r Tag)	1週間で	in einer Woche	(e Woche)
1ヶ月で	in einem Monat	(r Monat)	1年で	in einem Jahr	(s Jahr)

<複数形>

2日で	in zwei Tagen	2週間で	in zwei Wochen
2ヶ月で	in zwei Monaten	2年で	in zwei Jahren

◆複数形：Tage, Wochen, Monate, Jahre
Tage, Monate, Jahreには語尾に複数3格のnを付けます。Wochenはすでにnで終わっているので不要。
◆「1週間で」 in einer Wocheあるいはin acht Tagen。ただし、「2週間で」はin vierzehn Tagenとなります。

3 von ～ bis (zum) … 「～月～日から…月…日まで」

zuを付けることで、その日を含むことを明確に表しますが、今日ではzuが無くてもその日を含むので、zuがあってもなくても同じ意味になります。

vom 2. (zweiten) April **bis zum** 10. (zehnten) April　4月2日から4月10日まで

bis zuは3格の定冠詞をとっています。(zu dem ⇨ zum)

vom 2. (zweiten) April **bis** 10. (zehnten) April　bisは4格をとっています。

4 「ab ＋ 3格」、時には「ab ＋ 4格」も可能 「～（時を表す語）から」

前置詞abは原則3格をとりますが、4格をとる場合もあります。定冠詞は付けても付けなくてもかまいません。ただし、定冠詞を付けるときは3格しかとらないので注意が必要です。
使い方が難しいので、「自分が使うときは3格」と決めておくといいかもしれません。

ab 10. (zehntem) April	ab 10. (zehnten) April	4月10日から
ab dem 10. (zehnten) April	×ab den 10. (zehnten) April	
ab nächstem Montag	ab nächsten Montag	月曜日から
ab nächstem Jahr	ab nächstes Jahr	来年から

置き換え練習

音声を聞きながら下線部を置き換えましょう。

(1) Welches Datum haben wir heute? – 2.3. (Den zweiten März.) <日付>
6.6., 1.2., 7.8., 24.4., 13.12.

(2) Ich kann die Arbeit in einer Woche erledigen. <in ～ (期間) で>
einem Monat, zwei Jahren, 30 Minuten, drei Wochen, einem Jahr

(3) Die Ausstellung findet vom 1. April bis zum 9. Mai statt. <von ～ bis... ～から…まで>
3. April – 5. Juni, 11. Mai – 12. Juli, 2. August – 16. September,
1. Dezember – 31. Dezember

(4) Ab ersten April arbeite ich in Wien. <ab ～から>
3. April, 5. Juni, 11. Mai, 12. Juli, 2. August, 16. September

5 Prozent パーセント

パーセントを使った表現を見ていきます。

Wie viel Prozent Alkohol hat Bier? – Es hat etwa 5 %.

ビールは何パーセントアルコールを含んでいますか。– およそ5%です。

Nur 12 von 48 Studierenden haben die Prüfung bestanden. Wie viel Prozent sind das?
– Das sind 25 %.

48人中12人だけが試験に合格しました。それは何パーセントになりますか。– 25%です。

6 alle＋数字＋期間を表す名詞（複数形）「〜ごとに」

◆alle＋数字＋期間を表す名詞（複数形）

Alle zwei Wochen müssen wir eine Prüfung machen.　2週間ごとに私たちは試験を受けなければなりません。

alle drei Stunden　3時間ごとに

◆「jede-＋序数」を使うこともできます。

jede zweite Woche　2週間ごとに　　jede Woche　毎週
jede dritte Stunde　3時間ごとに

7 〜人に一人

◆jede-＋序数

In Deutschland hat etwa jede vierte Person einen Migrationshintergrund.
ドイツでは4人に1人に（4人に1人の割合で）移民の背景があります。

8 分数「序数詞-tel」

ein Fünftel	5分の1	zwei Drittel	3分の2
ein Zwanzigstel	20分の1	drei Hundertstel	100分の3

◆序数詞の語尾がtの時はtを重ねず-elを付けます。

dritt → Drittel, zwanzigst → Zwanzigstel

◆分子が2以上の場合は複数形の名詞をとります。（eineinhalb, zweieinhalb, zwei Drittel）

Zwei Fünftel der Studierenden in Japan haben im Ausland studiert.
日本の大学生の5分の2は留学経験があります。

1-09

置き換え練習

音声を聞きながら、(1)は[ ]に適切な数字を入れ、(2)は下線部を置き換えましょう。

(1) Wie viel Prozent der Studierenden kommen mit dem Bus zur Uni? <パーセント>
8 von 200 Studierenden kommen mit dem Bus zur Uni. Das sind [ ] Prozent.
2 von 50 Studierenden kommen mit dem Bus zur Uni. Das sind [ ] Prozent.
75 von 150 Studierenden kommen mit dem Bus zur Uni. Das sind [ ] Prozent.
20 von 80 Studierenden kommen mit dem Bus zur Uni. Das sind [ ] Prozent.

(2) Jede vierte Person lernt eine zweite Fremdsprache. <〜に1人>
3人に1人、5人に1人、6人に1人、12人に1人、20人に1人

1-10

3 スケッチ

Thomas Guten Tag, Herr Huber!
Jens: Hallo! Es freut mich sehr, Sie in Osaka zu sehen. Wir können uns gerne duzen, wenn Sie nichts dagegen haben. Ich bin Jens.
Thomas: Sehr gerne, Jens! Ich bin Thomas!
Jens: Thomas, der Unterricht an der Sprachschule beginnt schon nächste Woche, nicht wahr?
Thomas: Welches Datum haben wir heute?
Jens: Wir haben den 26. Juli.
Thomas: Dann fängt der Unterricht in sechs Tagen, also am 1. August, an, und dauert bis zum 31. August. Wir haben von Montag bis Freitag vormittags Unterricht.
Jens: Da du in Kyoto wohnst, musst du jeden Tag zwischen Kyoto und Osaka pendeln.
Thomas: Ja, leider brauche ich jeden Tag allein für den Hinweg anderthalb Stunden mit dem Zug.
Jens: Also, hin und zurück musst du drei Stunden im Zug verbringen. Apropos, weißt du, wie viel Prozent der internationalen Studierenden in Japan aus Europa und Nordamerika kommen?
Thomas: Ungefähr 30 Prozent vielleicht? Hier habe ich viele Europäer gesehen.
Jens: Falsch. Weniger als 10 Prozent! Mehr als 90 Prozent kommen aus Asien.
Thomas: Wirklich? Nur ein Zehntel?
Jens: Weniger als ein Zehntel.
Thomas: Wie sind die Schulen in Japan? Gibt es auch Kinder mit Migrationshintergrund?
Jens: Ja, aber noch nicht so viele wie in Deutschland. In Deutschland ist für fast jedes dritte Kind in Großstädten Deutsch nicht die Muttersprache.

4 練習問題

1. 文法練習 基礎

適切な語を挿入し、和訳しましょう。

(1) (　　　) Datum haben wir heute?　　(2) Wir haben heute (　　　) 10. Juli.

(3) (　　　) Wievielte ist heute?

(4) (　　　) 8. Oktober (　　) zum 30. Oktober ist sie in Berlin.

(5) 前の問(4)の下線部（8.と30.）をスペルで書いてください。

2. 文法練習 応用

適切な表現を挿入し、和訳しましょう。

(1) Wir kaufen ( ) ein neues Smartphone. (2年ごとに)

(2) Ich kaufe ( ) ein Buch. (2週間ごとに)

(3) Sie gehen ( ) in eine Buchhandlung. (3日ごとに)

(4) ( ) Mensch in Japan hat den Roman gelesen. (20人に1人)

(5) ( ) Schüler in Japan geht zur Uni. (2人に1人)

(6) ( ) der Menschen in Japan hat den Roman gelesen. (20分の1)

3. 対話練習

周りの人と、いろいろな外国語をどれくらいの学生が学んでいるか対話しましょう。下線部はいろいろな外国語を入れ替えましょう。

例 Wie viele Studierende lernen Deutsch? − Etwa 30 %. Etwa ein Drittel. Etwa jeder dritte.
など

4. 聞き取り練習

1-11

A: ....

B: ....

A: ....

B: ....

5. スケッチの復習

スケッチを見ないで空欄を補充しながら音読しましょう（答えは書き込まないでください）。

Thomas: Guten Tag, He......[1] Huber!

Jens: Hallo! E......[2] freut mich se......[3], Sie in Os......[4] zu sehen. W......[5] können uns ge......[6] duzen, wenn S......[7] nichts dagegen ha......[8]. Ich bin Je......[9].

Thomas: Sehr gerne, Je......[10]! Ich bin Tho......[11]!

Jens: Thomas, der Unter......[12] an der Sprach......[13] beginnt schon näc......[14] Woche, nicht wa......[15]?

Thomas: Welches D......[16] haben wir he......[17]?

Jens: Wir haben d......[18] 26. Juli.

Thomas: Dann fä......[19] der Unterricht i......[20] sechs Tagen, a......[21] am 1. Aug......[22], an, und dauert bis zum 31. Aug......[23]. Wir haben von Montag b......[24] Freitag vormi......[25] Unterricht.

Jens: ______ [26] du in Ky______ [27] wohnst, musst d______ [28] jeden Tag zwis______ [29] Kyoto und Os______ [30] pendeln.

Thomas: Ja, lei______ [31] brauche ich je______ [32] Tag allein f______ [33] den Hinweg ander______ [34] Stunden mit d______ [35] Zug.

Jens: A______ [36], hin und zur______ [37] musst du dr______ [38] Stunden im Z______ [39] verbringen. Apropos, we______ [40] du, wie vi______ [41] Prozent der interna______ [42] Studierenden in Ja______ [43] aus Europa u______ [44] Nordamerika kommen?

Thomas: Ung______ [45] 30 Prozent vielleicht? Hi______ [46] habe ich vi______ [47] Europäer gesehen.

Jens: Fa______ [48]. Weniger als 10 Pro______ [49]! Mehr als 90 Pro______ [50] kommen aus As______ [51].

Thomas: Wirklich? Nur e______ [52] Zehntel?

Jens: Weniger a______ [53] ein Zehntel.

Thomas: ______ [54] sind die Sch______ [55] in Japan? Gi______ [56] es auch Kin______ [57] mit Migrationshintergrund?

Jens: ______ [58], aber noch ni______ [59] so viele w______ [60] in Deutschland. I______ [61] Deutschland ist f______ [62] fast jedes dri______ [63] Kind in Großs______ [64] Deutsch nicht d______ [65] Muttersprache.

5 スケッチの確認

余力がある人は次の文章をドイツ語に訳してみましょう。

トーマス： こんにちは、フーバーさん。
イェンス： やあ！大阪であなたに会えて嬉しいです。もしよければduで呼び合いませんか。ぼくはイェンスだよ。
トーマス： 喜んで、イェンス。ぼくはトーマスだよ。
イェンス： トーマス、語学学校での授業はもう来週に始まるんだよね。
トーマス： 今日は何日だったっけ。
イェンス： 7月26日だよ。
トーマス： それなら、あと6日で始まるよ、8月1日から8月31日まで。月曜日から金曜日まで午前中に授業があるんだ。
イェンス： 君は京都に住んでいるから、毎日京都と大阪の間を往復しなきゃならないね。
トーマス： うん、残念ながら毎日行きだけで1時間半電車に乗らなきゃならないんだ。
イェンス： つまり、往復で3時間電車の中で過ごさなければならないんだね。それはそうと、日本にいる留学生の何%が欧米から来ているか知ってる？
トーマス： 30%くらいかな。
イェンス： 違うよ。10%以下だよ。90%以上はアジアから来てるんだ。
トーマス： 本当に？たったの10分の1？
イェンス： 10分の1以下だよ。
トーマス： 日本の学校はどうなの？移民の背景がある子供もいるの？
イェンス： うん、でもドイツほど多くはないよ。ドイツの大都市では3人に1人の子供にとっては、ドイツ語は母語じゃないんだよ。

Lektion 3

定冠詞類
(dieser, jener, solcher, mancher など)

1 キーセンテンス

1-12

1. Ist dieses Gebäude eine Bibliothek?
   — Nein, jenes ist die Bibliothek.
2. Ein solches Geschenk kann ich nicht annehmen.
3. Du solltest ans Studium als solches denken.
4. Er trägt dieselbe Jacke wie gestern.
5. Manche Menschen haben Erfolg, andere nicht.

2 Grammatik

1 dieser, diese, dieses 「この～」(㊌ *this*)

Dieser Mann lernt zwei Fremdsprachen. この男性は２つの外国語を学んでいます。
Diese Frage ist zu schwer. この質問は難しすぎます。
Dieses Ereignis hat die Welt geändert. この出来事は世界を変えました。

次の表現は４格で副詞用法となっていますので、前置詞はいりません。
<u>diese</u> Woche 今週に　　<u>dieses</u> Jahr 今年に

参考 jeden Tag 毎日、jede Woche 毎週、jeden Monat 毎月、jedes Jahr 毎年

＜dieserの変化＞ 定冠詞の変化に準じます。

	男性	女性	中性	複数
１格	dieser	diese	dieses	diese
２格	dieses	dieser	dieses	dieser
３格	diesem	dieser	diesem	diesen
４格	diesen	diese	dieses	diese

2 jener, jene, jenes 「あの～」(㊌ *the*)

◆**文語調の表現になります。会話では定冠詞を用いるのが一般的です。**

Ich kenne **jenen** Herrn. 私はあの紳士を知っています。
Zu **jener** Zeit war sie noch Studentin in Köln. あの頃、彼女はまだケルンの大学生でした。

◆**jener, dieserは「前者」・「後者」としても使われます。文語調の表現になります。**

Er kann Violine und Horn spielen. **Jene** hat er in Berlin gelernt, **dieses** in Wien.

彼はバイオリンとホルンを演奏できます。前者はベルリンで、後者はウィーンで学びました。

＜jenerの変化＞ 定冠詞の変化に準じます。

	男性	女性	中性	複数
1格	jener	jene	jenes	jene
2格	jenes	jener	jenes	jener
3格	jenem	jener	jenem	jenen
4格	jenen	jene	jenes	jene

1-13

置き換え練習

音声を聞きながら下線部を置き変えましょう。

(1) Kennen Sie [diese] Dame? ＜dies-の変化＞
Herrn, Schauspieler, Kind, Kinder

(2) [Dieses] Buch ist nicht interessant, [jenes] ist interessant. ＜dies-とjen-＞
Film, Schauspielerin, Roman, Arbeit, Mensch

3 solcher, solche, solches 「そのような～、このような～」

Solche Fragen kann ich nicht beantworten. そのような質問には答えられません。

Mit **solchen** Menschen kann ich nicht umgehen. 私はそのような人たちとは付き合いきれません。

◆**solch + 不定冠詞 = 不定冠詞 + solch-**

- **solch + 不定冠詞**（solchは不変化）：この用法では、solchに語尾を付けないで、そのまま使います。不定冠詞は文中の役割に応じて格変化します。
- **不定冠詞 + solch-**： solch- には形容詞と同じ語尾が付きます。

Solch ein Restaurant ist kaum zu finden. そのようなレストランは滅多にありません。
1格

= Ein **solches** Restaurant ist kaum zu finden.
1格

Ich habe **solch** einen Musiker noch nie gesehen. 私はそのような音楽家を見たことがありません。
4格：Musikerはsehenの4格目的語なので、男性4格のeinenになります。

= Ich habe einen **solchen** Musiker noch nie gesehen.
4格

Ich möchte mit **solch** einer Frau zusammenleben. 私はそのような女性と一緒に生活したい。

3格：mitに合わせて、女性3格のeinerになります。

= Ich möchte mit einer **solchen** Frau zusammenleben.

3格

4 derjenige, diejenige, dasjenige

◆**関係代名詞の先行詞に用いられます。定冠詞でも表現できますが、より指示性が強くなります。**

Das ist **diejenige** Frau, die ich gestern getroffen habe. この人は私が昨日あった女性です。

= Das ist die Frau, die ich gestern getroffen habe.

◆**先行詞として単独で使うこともできます。**

Das ist **diejenige**, die ich gestern getroffen habe. この人は私が昨日あった女性です。

＜**derjenigeの変化**＞ 形容詞の弱変化と同じになります。

	男性	女性	中性	複数
1格	derjenige	diejenige	dasjenige	diejenigen
2格	desjenigen	derjenigen	desjenigen	derjenigen
3格	demjenigen	derjenigen	demjenigen	denjenigen
4格	denjenigen	diejenige	dasjenige	diejenigen

5 derselbe, dieselbe, dasselbe 「同じ～」

Er hat mir **dieselbe** Frage gestellt. 彼は私に同じ質問をしました。

Thomas und Julia wohnen in **derselben** Gegend. トーマスとユリアは同じ地域に住んでいます。

置き換え練習

音声を聞きながら下線部を置き変えましょう。

(1) Wie hast du solch einen Aufsatz [geschrieben]? 君はどうやってそんなレポートを書いたの?

＜solch そのような＞

einen Mann (kennenlernen), ein Auto (kaufen),
eine Fremdsprache (beherrschen), einen Traum (verwirklichen)

(2) Er trägt [dieselbe] Jacke wie gestern. 彼は昨日と同じジャケットを着ています。

＜derselb-, dieselb-, dasselb-＞

Anzug, Hose, Krawatte, Pullover, Hemd

3 スケッチ

1-15

Thomas: **Ist dieses Gebäude die Bibliothek?**
Passantin: **Nein, jenes ist die Bibliothek.**
Thomas: [Vor der Bibliothek] **Hallo, Misaki! Wie geht's?**
Misaki: **Hallo, Thomas! Wir können uns da drüben auf die Bank setzen.**
Thomas: **Okay.**
Misaki: **Ich habe ein Geschenk für dich. Gestern hast du meinen Aufsatz korrigiert.**
Thomas: **Nein, Misaki! Ich habe das sehr gerne gemacht. Ein solches Geschenk kann ich nicht annehmen. Dafür kannst du mir beim Japanischlernen helfen. Wir können uns gegenseitig beim Fremdsprachenlernen helfen.**
Misaki: **Das ist eine gute Idee. Das Geschenk ist eine Tafel Schokolade. Die können wir dann zusammen essen.**
Thomas: **Sehr gerne.**
Misaki: **Das ist die gleiche Schokolade, die ich meinem Vater zum Valentinstag geschenkt habe. Übrigens habe ich mein Vorhaben aufgegeben, in Deutschland zu studieren, weil mir das Geld fehlt. Meine Pläne scheitern immer. Manche Menschen haben Erfolg, andere nicht. Die Welt ist ungerecht.**
Thomas: **Gibt es etwas, das* du nur in Deutschland lernen kannst?**
Misaki: **In Deutschland wollte ich Deutsch lernen.**
Thomas: **Deutsch kannst du auch in Japan lernen, wenn du weißt, was du damit anfangen möchtest. Es ist nicht gut, wenn das Lernen einer Fremdsprache zum Selbstzweck wird. Ich glaube, du solltest besser ans Studium als solches denken.**

* dasは関係代名詞･中性･4格。先行詞がetwasの時は、不定関係代名詞wasを使うこともできます。(p.45参照)

4 練習問題

1. 文法練習 基礎

下線部を dies- に書き換えて、和訳しましょう。

(1) Das Wörterbuch ist umfangreich.
(2) Das Fahrrad gefällt mir gut.
(3) Der Pullover ist preiswert.
(4) Sie kennt den Studenten nicht.
(5) Ich kaufe den Kühlschrank.

2. 文法練習 基礎

下線部を derselb- に書き換えて、和訳しましょう。

(1) Sie liest das gleiche Buch.
(2) Die gleiche Lehrerin unterrichtet Deutsch.
(3) Er erzählt mir immer die gleiche Geschichte.

(4) Thomas und Brigitte kommen aus der gleichen Stadt in Deutschland.

(5) Mein Freund ist noch immer der gleiche wie früher.

3. 文法問題 応用

下線部をsolch(ein-) の形に書き換えて、和訳しましょう。

(1) Niemand kann eine komplizierte Frage beantworten.

(2) Eine schöne Stadt habe ich nie gesehen.

(3) Mit den Leuten will ich nicht umgehen.

(4) Eine Ausrede kann ich nicht akzeptieren.

(5) Die Taten passieren in Japan kaum.

4. 文法問題 応用

下線部をderjenige/diejenige/dasjenige で書き換えて、和訳しましょう。

(1) Sie ist die Frau, die in Deutschland studiert hat.

(2) Thomas ist der Student, der zwei Fremdsprachen beherrscht.

(3) Das sind die Leute, die letztes Jahr nach Japan gekommen sind.

(4) Dies ist das Horn, das ich in Mainz gekauft habe.

5. 聞き取り練習

1-16

音声を聞いて書き取ってみましょう。

A: ....

....

B: ....

....

6. 対話練習

キーセンテンスを参考に対話練習をしましょう。下線部を下記の語に置き換えて、[ ] 内の表現は自分で考えましょう。

Restaurant	Anzug	Rock	Jacke	Smartphone	usw.

A: Ich empfehle dir dieses Buch.

B: Solch ein [**schwieriges**] Buch kann ich nicht [**lesen**].

A: Das glaube ich nicht. [**Du kannst das schaffen. Du musst dein Studium ernster nehmen.**]

7. スケッチの復習

スケッチを見ないで空欄を補充しながら音読しましょう（答えは書き込まないでください）。

Thomas: Ist dieses Geb______[1] die Bibliothek?
Passantin: N______[2], jenes ist d______[3] Bibliothek.
Thomas: [V______[4] der Bibliothek] Ha______[5], Misaki! Wie ge______[6]'s?
Misaki: Hallo, Tho______[7]! Wir können u______[8] da drüben a______[9] die Bank s______[10].
Thomas: Okay.
Misaki: Ich ha______[11] ein Geschenk f______[12] dich. Gestern ha______[13] du meinen Auf______[14] korri______[15].
Thomas: Nein, Misaki! I______[16] habe das se______[17] gerne gemacht. E______[18] solches Geschenk ka______[19] ich nicht ann______[20]. Dafür kannst d______[21] mir beim Japanis______[22] helfen. Wir kön______[23] uns gegen______[24] beim Fremdspra______[25] helfen.
Misaki: Das i______[26] eine gute Id______[27]. Das Geschenk i______[28] eine Tafel Schok______[29]. Die können w______[30] dann zusammen es______[31].
Thomas: Sehr gerne.
Misaki: ______[32] ist die gleiche Schok______[33], die ich meinem Va______[34] z______[35] Valentinstag geschenkt habe. Übri______[36] habe ich me______[37] Vorhaben aufgegeben, i______[38] Deutschland zu stud______[39], weil mir das Ge______[40] fehlt. Meine Pl______[41] scheitern immer. Man______[42] Menschen haben Erf______[43], andere nicht. D______[44] Welt ist unge______[45].
Thomas: Gibt es et______[46], das du n______[47] in Deutschland ler______[48] kannst?
Misaki: In Deuts______[49] wollte ich Deu______[50] lernen.
Thomas: Deutsch kan______[51] du auch i______[52] Japan lernen, we______[53] du weißt, w______[54] du damit anfa______[55] möchtest. Es i______[56] nicht gut, we______[57] das Lernen ei______[58] Fremdsprache zum Selbs______[59] wird. Ich gla______[60], du solltest bes______[61] ans Studium a______[62] solches denken.

5 スケッチの確認

余力がある人は次の文章をドイツ語に訳してみましょう。

トーマス： この建物は図書館ですか？
通行人(女)：いいえ、あれが図書館です。
トーマス： ［図書館の前で］ やあ、美咲！元気？
美咲： こんにちは、トーマス！あそこのベンチに座りましょう。
トーマス： いいよ。
美咲： プレゼントがあるの。昨日、私のレポートを直してくれたでしょ。
トーマス： いいよ、美咲。あれは喜んでやったんだから。そんなプレゼントは受け取れないよ。その代わりにぼくの日本語の勉強で助けてよ。ぼくたちは外国語学習で互いに助け合うことができるよ。
美咲： それはいい考えね。このプレゼントは板チョコよ。それじゃあ、これ一緒に食べましょう。
トーマス： うん（喜んで）。
美咲： これはバレンタインデーに私が父にプレゼントしたのと同じものなのよ。ところで、ドイツに留学する計画はあきらめたの。私の計画はいつもうまくいかない。成功する人もいれば、成功しない人もいる。世の中は不公平よ。
トーマス： 何かドイツでしか学べないことがあるの？
美咲： 私はドイツでドイツ語を勉強したいの。
トーマス： ドイツ語は、それで何をしたいのか自分でわかっていたら、日本でも勉強できるよ。ぼくたちにとって、外国語の勉強自体が自己目的化したらよくないよ。学業自体のことを考えた方がいいんじゃないかと思うよ。

Lektion 4

話法の助動詞、2格

1 キーセンテンス

1-17

1. Wie lange kannst du in Japan bleiben?
2. Was willst du denn studieren?
3. Jetzt muss ich den Mietvertrag meiner Wohnung verlängern.
4. Endlich habe ich das Ergebnis bezüglich meines Stipendiums bekommen.
5. Japan ist ein Land der Gegensätze von Tradition und Technologie.

2 Grammatik

1 話法の助動詞 können, wollen, müssen

	können 〜できる、〜がありうる	wollen 〜したい、〜を望む	müssen 〜しなければならない
ich	**kann**	**will**	**muss**
du	**kannst**	**willst**	**musst**
er/sie/es	**kann**	**will**	**muss**
wir	können	wollen	müssen
ihr	könnt	wollt	müsst
sie/Sie	können	wollen	müssen

◆ können

(a) 助動詞「〜できる」、「〜がありうる」

Diese Möglichkeit **können** wir nicht ausschließen. その可能性を私たちは排除できません。

Im Ausland wurde mein Smartphone geklaut. 私のスマホが外国で盗まれました。

– Das **kann** passieren, wenn man im Zug einschläft. 電車の中で寝たら、それはあり得ますね。

(b) 動詞「〜することができる」

Er **kann** das Gedicht. 彼はその詩を覚えています。

◆ wollen

(a) 助動詞「〜したいと思う、するつもりである」意志や願望を表します。

Ich **will** Germanistik studieren. 私はドイツ学を専攻するつもりです。

(b) 動詞「〜を望む、するつもりである」

独立した動詞として使うこともできます。

Ich **will** ein Glas Wasser. 私は水を一杯欲しいです。
Das habe ich nicht **gewollt**. それを私は望んでいませんでした。

◆ **müssen**

(a) 助動詞「～なければならない」
Beim Vorstellungsgespräch **muss** man vorsichtig sein.
その面接では慎重にならなければなりません。
Was er gesagt hat, **muss** wahr sein. 彼が言ったことは本当に違いありません。

(b) 動詞「～をしなければならない」
Ich **muss** schnell zum Bahnhof. 私は急いで駅に行かなければなりません。

1-18

置き換え練習

音声を聞きながら下線部を置き換えましょう。

(1) Ich will in den Wald. <動詞としてのwollen>
ans Meer, an den See, nach Wien, in den Urlaub, zu dir

(2) Sie muss krank sein. <müssen「～に違いない」>
müde, schon zu Hause, im Büro, jetzt in Köln

(3) Das kann nicht wahr sein. <können「～ありうる」>
Seine Bemerkung, Diese Geschichte, Das Gerücht, Die Nachricht, Was sie gesagt hat

2　2格（所有格）

名詞の後ろにつなげて、後ろから名詞を修飾します。

das Auto der Frau　その女性の車
das Auto des Mannes　その男性の車

定冠詞：　des（男性）、der（女性）、des（中性）、der（複数）
不定冠詞：eines（男性）、einer（女性）、eines（中性）

1-19

置き換え練習

音声を聞きながら下線部を置き換えましょう。

(1) Das ist die Tasche [der] Frau. <定冠詞2格>
Mädchen, Mann, Studentin, Student, Kind, Lehrerin

(2) Das ist der Brief [einer] Frau. <不定冠詞2格>
Mädchen, Mann, Studentin, Student, Kind, Lehrerin

Thomasが郵便物を受け取ります。

Thomas: **Endlich habe ich das Ergebnis bezüglich meines Stipendiums bekommen. Bestanden! Nun kann ich in Kyoto studieren. Mein Traum ist Wirklichkeit geworden. Diese Nachricht wird mein Leben ändern.**

Jens: **Herzlichen Glückwunsch! Wie lange kannst du dann in Japan bleiben?**

Thomas: **Mindestens zwei Jahre. Jetzt muss ich den Mietvertrag meiner Wohnung verlängern.**

Jens: **Was willst du denn studieren?**

Thomas: **Japanologie, weil ich mich für Kultur, Gesellschaft und Sprache in Japan interessiere.**

Jens: **Das ist gut. Japan ist ein Land der Gegensätze von Tradition und Technologie. Man sagt auch, dass die Gesellschaft homogen und geschlossen ist. Ich glaube aber, das stimmt nur teilweise. Persönlich interessiere ich mich für ihre Diversität, weil sich das Land in den letzten Jahren sehr schnell verändert hat. Hoffentlich beschäftigen sich Japanologen mehr damit.**

Thomas: **Du hast recht. Ich finde die Gegensätze von Alt und Neu in Japan sehr interessant. Aber, ich werde mich auf die Sprache konzentrieren. Japanisch ist für uns sehr fremd.**

Jens: **Weil wir neue Zeichen lernen müssen?**

Thomas: **Nicht nur. Außer Englisch lernen die meisten Deutschen eine europäische Sprache wie Französisch oder Spanisch als zweite Fremdsprache. Sprachen in Europa haben viele Ähnlichkeiten. Japanisch ist aber linguistisch weit entfernt von europäischen Sprachen. Daher wirkt Japanisch exotisch.**

4 練習問題

1. 文法練習 基礎

カッコ内の意味になるように、適切な助動詞を挿入し、和訳しましょう。

(1) Welche Fremdsprache (   ) du lernen? (～したい)

(2) Welche Fremdsprache (   ) Sie sprechen? (～できる)

(3) Welche Fremdsprache (   ) ihr lernen? (～しなければならない)

(4) Ich habe die Prüfung nicht bestanden. − Das (   ) nicht wahr sein. (ありえない)

(5) Der Lehrer (   ) in seinem Büro sein. (～に違いない)

2. 文法練習 応用

カッコ内に適切な助動詞を挿入し、全文を和訳しましょう。

(1) Ich bin im Zug eingeschlafen und habe meine Haltestelle verpasst.
− Du (   ) vorsichtiger sein.

(2) Ich (   ) Lehrer werden. − Ich hoffe, dein Wunsch erfüllt sich.

(3) Viele Europäer sind multilingual*. Sie (   ) mehrere Sprachen sprechen.

(4) Wir (   ) schnell essen. Sonst verpassen wir den Bus.

(5) Alle Japaner (   ) Englisch lernen. Für sie ist Englisch aber sehr schwierig.

* 形 多言語ができる、多言語の（= mehrsprachig）

3. 聞き取り練習

1-21

4. 対話練習

第二外国語のことについて、周りの人と対話しましょう。

A: In Japan müssen wir Englisch lernen.

B: Lernt ihr keine zweite Fremdsprache?

A: Doch. Wir lernen z. B. auch (   ).
(   ) sind sehr populär.

5. スケッチの復習

スケッチを見ないで空欄を補充しながら音読しましょう（答えは書き込まないでください）。

Thomas: Endlich habe i____ 1) das Ergebnis bezüglich m____ 2) Stipendiums bekommen. Best____ 3)! Nun kann i____ 4) in Kyoto stud____ 5). Mein Traum i____ 6) Wirklichkeit geworden. Di____ 7) Nachricht wird me____ 8) Leben ändern.

Jens: Herz____ 9) Glückwunsch! Wie la____ 10) kannst du da____ 11) in Japan ble____ 12)?

Thomas: Mindestens zwei Ja____ 13). Jetzt muss i____ 14) den Mietvertrag mei____ 15) Wohnung verlängern.

Jens: ____ 16) willst du de____ 17) studieren?

Thomas: Japanologie, we____ 18) ich mich f____ 19) Kultur, Gesellschaft u____ 20) Sprache in Ja____ 21) interessiere.

Jens: Das i____ 22) gut. Japan i____ 23) ein Land d____ 24) Gegensätze von Trad____ 25) und Technologie. M____ 26) sagt auch, da____ 27) die Gesellschaft hom____ 28) und geschlossen ist. I____ 29) glaube aber, d____ 30) stimmt nur teil____ 31). Persönlich interessiere i____ 32) mich für ih____ 33) Diversität, weil si____ 34) das Land i____ 35) den letzten Jah____ 36) sehr schnell veränd____ 37) hat. Hoffentlich beschäftigen si____ 38) Japanologen mehr da____ 39).

Thomas: Du hast re____ 40). Ich finde d____ 41) Gegensätze von A____ 42) und Neu i____ 43) Japan sehr inter____ 44). Aber, ich we____ 45) mich auf d____ 46) Sprache konzentrieren. Japa____ 47) ist für u____ 48) sehr fremd.

Jens: W____ 49) wir ne____ 50) Zeichen lernen müs____ 51)?

Thomas: Nicht nur. Au____ 52) Englisch lernen d____ 53) meisten Deutschen ei____ 54) europäische Sprache w____ 55) Französisch oder Span____ 56) a____ 57) zweite Fremdsprache. Sprachen in Eur____ 58) haben viele Ähnlic____ 59). Japanisch ist ab____ 60) linguistisch weit entf____ 61) von europä____ 62) Sprachen. Daher wi____ 63) Japanisch exot____ 64).

5 スケッチの確認

トーマス： やっと奨学金の結果をもらった。合格だ！ これで京都で勉強できるぞ。ぼくの夢が現実となったよ。この知らせはぼくの人生を変えるだろう。

イェンス： おめでとう！どれくらいの期間日本にいることができるの？

トーマス： 少なくとも２年間だよ。今からアパートの賃貸契約を延長しなきゃ。

イェンス： （一体）何を専攻したいの？

トーマス： 日本の文化や社会、言語に興味があるから、日本学だよ。

イェンス： それはいいね。日本は伝統と技術の対比がある国だね。（その）社会は均質で閉鎖的だという人もいる。だけど、それは部分的にしか正しくないと思うよ。この国は近年すごく早く変化してきたから、個人的には日本の（それの）多様性に興味がある。日本学者がもっとそのことに取り組んでくれるといいなあ。

トーマス： 君のいう通りだよ。ぼくは古いものと新しいものとの対比に興味がある。でも、（その）言語（＝日本語）に集中したいんだ。日本語はぼくたちにとってとても異質だ。

イェンス： 新しい文字を学ばなきゃならないから？

トーマス： それだけじゃないよ。英語以外に、大抵のドイツ人は第２外国語として、フランス語やスペイン語のようなヨーロッパの言語を学んでいる。ヨーロッパの言語にはたくさん似ているところがあるよ。日本語は、そうしたヨーロッパの言語からは言語学的にとても離れているんだ。だから日本語は、とてもエキゾチックな印象を与える。

Lektion 5

2格をとる前置詞、zu不定詞

1 キーセンテンス

1-22

1. Während meines Aufenthaltes in Japan habe ich oft an die Wichtigkeit des Zuhörens gedacht.
2. Wir haben in Japan noch vieles zu lernen.
3. Ich finde es eine gute Tugend, zurückhaltend zu sein.
4. Japaner sind nicht in der Lage, offen ihre Meinung zu sagen.
5. Es ist wichtig, unsere Meinung deutlich zu erklären.

2 Grammatik

1 2格をとる前置詞

1 während「～の間」(英 *during*)

Während der Sommerferien bin ich nicht in Japan. 夏休みの間は私は日本にいません。

2 trotz「～にもかかわらず」(英 *in spite of*)

Trotz des Regens spielen die Kinder draußen.

雨にもかかわらず、その子供たちは外で遊んでいます。

応用編 オーストリアやスイスなどドイツ語圏の南部では、3格をとることもあります。

trotz dem Regen

3 wegen「～のために」[理由] (英 *because of*)

Wegen des Regens bin ich zu Hause. 雨のために私は家にいます。

応用編 人称代名詞（mirなど）をとって、「～のために」と表現する時には、meinetwegen「私のために」、deinetwegen「君のために」など-wegenの形を用います。wegen mirということもありますが、インフォーマルな表現です。

4 innerhalb「～以内に」[時間] (英 *within*)、「～の中で」[空間] (英 *inside*)

Innerhalb einer Woche beende ich die Arbeit. 1週間以内に私はその仕事を終えます。

Innerhalb des Universitätsgeländes ist das Rauchen verboten.

大学キャンパス内では禁煙です。

注意 innerhalbはvon 3格をとることもあります。

innerhalb von einer Woche = innerhalb einer Woche 1週間以内に

innerhalb von der Stadt = innerhalb der Stadt 市内で

1-23

置き換え練習

音声を聞きながら下線部を置き換えましょう。

(1) Während der Sommerferien hat sie Latein gelernt. ＜während「～の間」＞
des Sommersemesters, ihres Aufenthaltes in Köln, des ganzen Jahres, der letzten Tage

(2) Wegen des Regens kann er heute nicht arbeiten. ＜wegen「～のために」＞
des Unfalls, der Krankheit, des schlechten Wetters, der Verspätung des Flugzeuges, des Umbaus

(3) Trotz des starken Regens hat sie heute draußen gearbeitet. ＜trotz「～にもかかわらず」＞
ihrer Krankheit, ihres hohen Fiebers, des schlechten Wetters, des starken Erdbebens

(4) Innerhalb von drei Wochen muss ich das dicke Buch durchlesen. ＜innerhalb「～以内に」［時間］＞
zwei Monaten, acht Tagen, einem Jahr, 24 Stunden, einer Woche

2 zu不定詞

1 in der Lage sein, ～ zu 不定詞 「～することができる」

◆könnenでも表現できます。
zu不定詞はLageを修飾しています。e Lageは「位置、立場」を意味するので、「～する立場にある」という意味になり、転じて「～することができる」の意味になっています。
Wir sind **in der Lage**, Ihnen **zu** helfen.　私たちはあなたを助けることができます。
= Wir **können** Ihnen helfen.

2 haben zu 不定詞「～しなければならない」（㊥ *have to*）

◆müssenでも表現できます。
Ich **habe** das Problem **zu** lösen.　私はその問題を解決しなければなりません。
= Ich **muss** das Problem lösen.

3 sein zu不定詞「～されうる」［可能］、「～されなければならない」［義務］（㊥ *be to*不定詞）

Wann **sind** Sie **zu** erreichen?　あなたにはいつ連絡を取ることができますか。［可能］
Die Hausarbeit **ist** bis morgen ab**zu**geben.　この宿題は明日までに提出されなければなりません。

◆いずれも受動態で書き換えることができます。
Wann können Sie erreicht werden?
（この表現は少々堅苦しく、通常は上記のzu不定詞を使った文か、能動態 Wann kann ich Sie erreichen? を使います。）
Die Hausarbeit muss bis morgen abgegeben werden.

4 仮主語・仮目的語としてのes

◆仮主語・仮目的語として用いられるesは、文の後半のzu不定詞句を指しています。

Es ist für uns einfach, das Problem zu lösen.
その問題を解くのは私たちにとっては簡単です。　(主語 Es = das Problem zu lösen)

Ich finde **es** einfach, das Problem zu lösen.
私はその問題を解くのは簡単だと思います。　(目的語 es = das Problem zu lösen)

1-24

3 スケッチ

Jens: Manche Europäer und Amerikaner meinen, dass sich Japaner oft unklar ausdrücken. In solchen Fällen fühlt man sich manchmal gestresst. Japaner sagen ihre Meinung nicht offen oder bleiben schweigsam.

Thomas: Für uns Deutsche ist es wichtig, unsere Meinung deutlich darzustellen. Es ist aber auch bei uns nicht gut, sich zu stark durchzusetzen. Auf der anderen Seite hat mir eine Freundin in Kyoto einmal erzählt, dass Japaner lernen müssen, sich freier zu äußern. Japaner sind nicht in der Lage, offen ihre Meinung zu sagen.

Jens: Ist sie Deutsche oder Japanerin?

Thomas: Sie ist Japanerin. Ich habe sie in Kyoto kennengelernt. Sie studiert dort Germanistik und spricht sehr gut Deutsch. Sie hat gemeint, Japaner müssen sich ändern. Sie ist mir gegenüber immer freundlich. Aufgrund ihrer Meinung zweifele ich aber, ob sie mir gegenüber offen spricht. Ich denke, dass Deutsche die japanische Mentalität verstehen müssen. Ich finde es eine sehr gute Tugend, zurückhaltend und bescheiden zu sein. In Deutschland sagt man auch: „Reden ist Silber, Schweigen ist Gold."

Jens: Vielleicht hast du ja recht. Während meines Aufenthaltes in Japan habe ich oft an die Wichtigkeit des Zuhörens gedacht. Wir haben in Japan noch vieles zu lernen. Ich glaube, dass du gut mit Japanern umgehen kannst.

4 練習問題

1. 文法練習 基礎

指示に従って、前置詞を使ってカッコ内を書き換えて、和訳しましょう。

(1) [der Schnee] hat der Bus eine Verspätung von 15 Minuten. 「雪のため」(wegen)

(2) [der Schnee] ist der Bus pünktlich gekommen. 「雪にも関わらず」(trotz)

(3) [ein Jahr] müssen wir die Arbeit beenden. 「1年以内に」(innerhalb)

(4) [die Winterferien] bleibe ich in Deutschland. 「冬休みの間は」(während)

(5) [die EU] können sich EU-Bürger frei bewegen*. 「EU内では」(innerhalb)

* EU-Bürger EU市民、sich[4] bewegen 移動する

2. 文法練習 応用

次の文を、zu不定詞を用いて書き換えて、和訳しましょう。

(1) Wie kann man Sie erreichen?

(2) Alle Schüler in Japan müssen Englisch lernen.

(3) Wir können dich vom Bahnhof abholen.

カッコ内の語を正しく並び替えて、全文を和訳しましょう。

(4) Sie (das Buch, es, findet, zu kaufen, unnötig).

(5) Für uns (es, das Problem, ist, zu lösen, zu schwer).

3. 聞き取り練習

1-25

A: ....

....

B: ....

....

4. 対話練習

周りの人と対話しましょう。

A: Bist du in der Lage, dich offen zu äußern?

B: Ja / Nein. その理由を自由に回答しましょう。

5. スケッチの復習

スケッチを見ないで空欄を補充しながら音読しましょう（答えは書き込まないでください）。

Jens: Manche Europäer u______[1] Amerikaner meinen, da______[2] sich Japaner oft un______[3] ausdrücken. In sol______[4] Fällen fühlt m______[5] sich manchmal gestr______[6]. Japaner sagen ih______[7] Meinung nicht of______[8] oder bleiben schwe______[9].

Thomas: Für uns Deut______[10] ist es wic______[11], unsere Meinung deut______[12] darzustellen. E______[13] ist aber au______[14] bei uns ni______[15] gut, sich z______[16] stark durchzusetzen. A______[17] der anderen Se______[18] hat mir ei______[19] Freundin in K______[20] ein______[21] erzählt, dass Jap______[22] lernen müssen, si______[23] freier zu äuß______[24]. Japaner sind ni______[25] in der La______[26], offen ihre Mei______[27] zu sagen.

Jens: ______[28] sie Deutsche od______[29] Japanerin?

Thomas: Sie i______[30] Japanerin. Ich ha______[31] sie in Ky______[32] kennengelernt. Sie stud______[33] dort Germanistik u______[34] spricht sehr g______[35] Deutsch. Sie h______[36]gemeint, Japaner müs______[37] sich ändern. S______[38] ist mir gegen______[39] immer freundlich. Au______[40] ihrer Meinung zw______[41] ich a______[42], ob sie m______[43] gegenüber o______[44] spricht. I______[45] denke, da______[46] Deutsche die japan______[47] Mentalität verstehen müs______[48]. Ich finde e______[49]eine sehr gu______[50] Tugend, zurückhaltend u______[51] bescheiden zu se______[52]. In Deutschland sa______[53] man auch: „Re______[54] ist Silber, Schw______[55] ist Gold."

Jens: Viel______[56] hast du j______[57] recht. Während mei______[58] Aufenthaltes in Ja______[59] habe ich o______[60] an die Wicht______[61] des Zuhörens ged______[62]. Wir haben i______[63] Japan noch vie______[64] zu lernen. I______[65] glaube, dass d______[66] gut mit Japa______[67] umgehen kannst.

5 スケッチの確認

余力がある人は次の文章をドイツ語に訳してみましょう。

イェンス： ヨーロッパ人やアメリカ人の中には、日本人は曖昧に表現することがよくあると思っている人がいるよ。

トーマス： ぼくたちドイツ人にとっては、自分の考えをはっきり説明することが大切だ。だけど、自分の考えをあまり強く押し通そうとするのは、ぼくたちのところでもよくはないよ。他方で、京都の友だち（女性）が、日本人はもっと自由に意見を言うことを学ばなければならないとぼくに話していたよ。日本人は自分の意見をオープンに話すことができないんだ。

イェンス： 彼女はドイツ人、それとも日本人？

トーマス： 彼女は日本人だよ。彼女とは京都で知り合ったんだ。ドイツ学を専攻していて、ドイツ語をとても上手に話すんだよ。彼女は、日本人は変わらなければならないと言っていた。ぼくに対してはいつもフレンドリーなんだ。だけど、彼女の意見を聞いて（＝彼女の意見を理由として）、彼女自身はぼくに対してオープンに話せているのかと疑問に思うよ。ぼくは、ドイツ人は日本人のメンタリティーを理解しなきゃいけないと思うんだ。ぼくは、控え目で遠慮深いことはとても素晴らしい美徳だと思うよ。ドイツでも、「雄弁は銀、沈黙は金」と言うよね。

イェンス： 君が正しいかもね。日本での滞在中、人の話をよく聞くことの大切さについて考えたよ。ぼくたちは、日本でまだたくさんのことを学ばなければならないね。君は日本人とうまくやっていけると思うよ。

Lektion 6

zu不定詞(scheinen〜zu、brauchen 否定詞 zuなど)、使役動詞(lassen)・知覚動詞(hören, sehenなど)+不定詞

1 キーセンテンス

1-26

1. Sie scheinen mit mir lieber auf Englisch zu sprechen.
2. Das lässt sich nicht vermeiden.
3. Ich lasse immer eine Japanerin meine japanischen Aufsätze korrigieren.
4. Der Grund liegt darin, dass alle Schüler Englisch lernen.

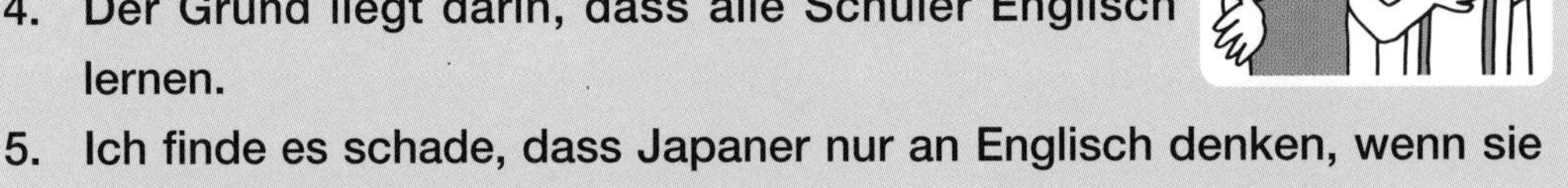

5. Ich finde es schade, dass Japaner nur an Englisch denken, wenn sie das Wort „Fremdsprache" hören.

2 Grammatik

1 zu不定詞

1 scheinen zu不定詞「〜のように思われる、〜らしい」(㊇ *seem*)

Er **scheint** wieder gesund **zu** sein.　　彼は元気になったようです。(←また健康になった)

2 brauchen 否定詞 zu不定詞「〜する必要がない、しなくてもいい」

Sie **brauchen** sich **nicht zu** beeilen.　　急ぐ必要はありません。

◆インフォーマルな口調では、zuが脱落することがあります。= Sie brauchen sich nicht beeilen.

◆müssenを使って書き換えることができます。= Sie müssen sich nicht beeilen.

2 lassen sich 原形 「〜されうる」

Das Problem **lässt sich** einfach lösen.　　その問題は簡単に解決できます。

◆可能の受動態で書き換えられます。= Das Problem kann einfach gelöst werden.

3 使役動詞 (lassen)・知覚動詞 (hören, sehenなど) + 不定詞、lassen 〜不定詞 「〜してもらう」

Ich **lasse** meine Haare schneiden.　　私は髪を切ってもらいます。

Manchmal **höre** ich ihn Klavier spielen.　　時々彼がピアノを弾いているのを聞きます。

Manchmal habe ich ihn Klavier spielen **hören** / **gehört**. 時々彼がピアノを弾いているのを聞きました。

注意 現在完了形では原形不定詞hörenと過去完了形gehörtのいずれも可能です。

1-27

置き換え練習

音声を聞きながら下線部を置き換えましょう。

(1) Sie scheint gesund zu sein. <scheinen zu 不定詞>
glücklich, traurig, froh, optimistisch, pessimistisch

(2) Du brauchst keine Angst zu haben. <brauchen 否定詞 zu 不定詞>
das nicht bezahlen, mir nicht helfen, ihr das nicht sagen, das Buch nicht lesen, nicht früh aufstehen

(3) Das lässt sich nicht vermeiden. <lassen sich 原形>
leicht lösen, schwer erklären, einfach beweisen, nicht ändern, nicht übersetzen

(4) Ich habe sie singen gehört. <知覚動詞 + 不定詞>
Deutsch sprechen, Violine spielen, schreien, Karaoke singen, Mozart spielen

4 esが従属節を指す

Ich finde **es** unmöglich, dass er zu spät zur Sitzung gekommen ist.
彼が会議に遅刻したなんてありえません。

Es ist gut, dass es dich gibt.　君がいてくれてよかったよ。

➡ Esは仮主語となります。dassに導かれる節は、「〜こと」という意味の名詞節で、文頭のEsを受けています。

Der Grund liegt darin, dass alle Schüler Englisch lernen.
その理由は、あらゆる生徒が英語を学んでいることにあります。

➡ liegen in 3格（㊥ *lie in*）は、「〜にある」という意味です。

darin について補足 「前置詞 + es 」は「da(r) + 前置詞」になります。つまりdarinにはesが含まれていることになり、このesはdass以下を指しています。

5 was 4格（人・事物）betrifft「〜については、関しては」

Ich bin nicht einverstanden, **was** den Preis **betrifft**.　価格に関しては、私は同意していません。
Wir sind zufrieden, **was** den Deutschunterricht **betrifft**.
ドイツ語の授業に関しては、私たちは満足しています。

◆in Bezug auf 4格で言い換えることができます。
in Bezug auf den Deutschunterricht　ドイツ語の授業に関しては

1-28

置き換え練習

音声を聞きながら下線部を置き換えましょう。

(1) Ich finde es schön, dass alle Schüler in Japan Englisch lernen. ＜esが従属節を指す＞
schlecht, nötig, richtig, unnötig, sinnvoll

(2) Es ist schön, dass alle Schüler in Japan Englisch lernen. ＜esが従属節を指す＞
schlecht, nötig, richtig, unnötig, sinnvoll

(3) Das Problem liegt darin, dass Englisch schwer ist. ＜liegen darin, dass～＞
wir keine Zeit haben, sie nicht viel lesen, ich kein Geld habe,
das Wetter schlecht ist, unser Auto kaputt ist

(4) Keine Sorge, was mich betrifft! ＜was 4格（人・事物）betrifft＞
die Arbeit, den Unterricht, die Prüfung, die Reise nach Amerika,
das Studium in Deutschland

1-29

3 スケッチ

大阪の日本語学校で、日本人が他のドイツ人留学生たちと英語を話したがることについて話しています。

Luisa: **Es macht mir wirklich Spaß, in Japan Japanisch zu lernen. Nach dem Unterricht kann ich sofort neue Ausdrücke ausprobieren. Dabei helfen mir viele Japaner.**

Thomas: **Ja, Japaner sind sehr freundlich und hilfsbereit. Ich lasse immer eine Japanerin meine japanischen Aufsätze korrigieren. Aber Japaner scheinen mit mir lieber auf Englisch zu sprechen. Oft ist ihr Englisch besser als mein Japanisch.**

Lukas: **Genau. Japaner reden mich fast immer auf Englisch an. Der Grund liegt wohl darin, dass sie mit uns Englisch sprechen üben wollen. Es ist aber überhaupt nicht böse gemeint. Ich finde es schade, dass Japaner nur an Englisch denken, wenn sie das Wort „Fremdsprache“ hören.**

Thomas: **Na ja, das lässt sich nicht vermeiden. Ich glaube, wir können darüber nicht klagen. Englisch ist eine Lingua franca* auf der Welt. Auch in Deutschland ist es normal, dass man mit ausländischen Touristen auf Englisch spricht.**

Luisa: **Das ist richtig. Ich denke aber, dass auch das japanische Schulsystem schuld ist. In Schulen kann man fast immer nur Englisch lernen.**

Lukas: **In der Tat. Jedoch höre ich einige Japaner sagen, dass Ausländer in Japan Japanisch sprechen sollten. Viele Studierende aus asiatischen Ländern lernen fleißig Japanisch, um zukünftig in Japan zu arbeiten.**

Auf der anderen Seite sind manche Englischlehrer aus englischsprachigen Ländern nicht in der Lage, Japanisch zu sprechen. Sie brauchen nicht Japanisch zu beherrschen, weil Japaner mit ihnen Englisch sprechen wollen.

* e Lingua franca リンガ・フランカは「共通語」の意味で使われます。

4 練習問題

1. 文法練習 基礎

カッコ内の語を用いて文を書き換えて、和訳しましょう。

(1) Die Studenten sind gesund. (scheinen)

(2) Sie ist mit ihrer Arbeit zufrieden. (scheinen)

(3) Deine Meinung ist richtig. (scheinen)

(4) Du kaufst die Karte nicht. (brauchen)

(5) Ihr arbeitet nicht sehr lang. (brauchen)

(6) Das Buch lesen Sie nicht. (brauchen)

2. 文法練習 応用

指示に従って書き換えて、和訳しましょう。

(1) Alle Japaner lernen fleißig Englisch. Ich finde es nicht nötig.
[Ichから始めて、2つの文をつなげましょう。]

(2) Sie lernt fleißig Deutsch. Sie möchte in Wien Musik studieren.
[下線部をDer Grundから始まる文に書き換えましょう。]

(3) Die Waschmaschine kann nicht mehr repariert werden.
[lassen sichで書き換えましょう。]

(4) Wir haben Thomas gesehen. Er spielte Fußball.
[2つの文を1つに書き換えましょう。]

(5) Viele Japaner lernen Deutsch. Es ist wunderbar.
[2つの文を1つに書き換えましょう。]

3. 聞き取り練習

1-30

4. 対話練習

A: Glaubst du, dass Ausländer in Japan Japanisch lernen müssen?

B: Ja. / Nein. 理由を自由に話しましょう。

5. スケッチの復習

スケッチを見ないで空欄を補充しながら音読しましょう（答えは書き込まないでください）。

Luisa: Es macht m______[1] wirklich Spaß, i______[2] Japan Japanisch z______[3] lernen. Nach d______[4] Unterricht kann i______[5] sofort neue Ausd______[6] ausprobieren. Dabei hel______[7] mir viele Jap______[8].

Thomas: Ja, Japaner si______[9] sehr freundlich u______[10] hilfsbereit. Ich la______[11] immer eine Japa______[12] meine japanischen A______[13] korrigieren. Ab______[14] Japaner scheinen m______[15] mir lieber a______[16] Englisch zu spre______[17]. Oft ist i______[18] Englisch besser a______[19] mein Japanisch.

Lukas: G______[20]. Japaner reden mi______[21] fast immer a______[22] Englisch an. D______[23] Grund liegt wo______[24] darin, dass s______[25] mit uns Engl______[26] sprechen üben wol______[27]. Es ist ab______[28] überhaupt nicht bö______[29] gemeint. Ich fi______[30] es schade, da______[31] Japaner nur a______[32] Englisch denken, w______[33] sie das Wort „Fremdsprache“ hören.

Thomas: ______[34] ja, das lä______[35] sich nicht verm______[36]. Ich glaube, w______[37] können darüber ni______[38] klagen. Englisch i______[39] eine Lingua fra______[40] auf der We______[41]. Auch in Deuts______[42] ist es n______[43], dass m______[44] mit ausländischen Tour______[45] a______[46] Englisch spricht.

Luisa: ______[47] ist richtig. Ich denke ab______[48], dass auch d______[49] japanische Schulsystem sch______[50] ist. In Sch______[51] kann man fa______[52] immer nur Engl______[53] lernen.

Lukas: In der Tat. Jed______[54] höre ich ein______[55] Japaner sagen, da______[56]

Ausländer in Ja______ 57) Japanisch sprechen sol______ 58). Viele Studierende a______ 59) asiatischen Ländern ler______ 60) fleißig Japanisch, u______ 61) zukünftig in Ja______ 62) zu arbeiten. A______ 63) der anderen Se______ 64) sind manche Englischl______ 65) aus englischsprachigen Län______ 66) nicht in d______ 67) Lage, Japanisch z______ 68) sprechen. Sie brau______ 69) nicht Japanisch z______ 70) beherrschen, weil Jap______ 71) mit ihnen Engl______ 72) sprechen wollen.

5 スケッチの確認

余力がある人は次の文章をドイツ語に訳してみましょう。

ルイーザ： 日本で日本語を勉強するのは、本当に楽しいね。授業の後に、すぐに新しい表現を使ってみることができるよ。その際、たくさんの日本人が助けてくれるのよ。

トーマス： うん、日本人はとてもフレンドリーで親切（＝助力を惜しまない）だね。ぼくはいつも日本語で書いたレポートを日本人（女性）に直してもらっているよ。でも、日本人はぼくとはむしろ英語で話したいようなんだ。彼らの英語の方が、ぼくの日本語よりもうまいことがよくある。

ルカス： その通りだね。日本人はいつもぼくに英語で話しかけてくる。その理由は、ぼくたちと英語で話す練習がしたいところに多分あるよね。でも悪気は全くないんだ。「外国語」ということばを聞くと、日本人は英語のことしか考えていないことを残念に思うよ。

トーマス： まあねえ、それは避けられないよ。それについて文句は言えないと思うね。英語は世界のリンガ・フランカだ。ドイツでも、外国からの観光客とは英語で話すのが普通だ。

ルイーザ： それは正しいわ。だけど、日本の学校システムにもその責任があると思うよ。学校では、ほとんどいつも英語しか勉強できないわ。

ルカス： その通り。だけど、日本にいる外国人は日本語を話すべきだという日本人も中にはいるよ。アジアの国から来た多くの大学生は、将来日本で働くために、日本語を一生懸命勉強しているんだ。他方、英語圏から来た英語教師の中には、日本語を話せない人もいるよ。日本人が彼らとは英語で話したがるので、彼らは日本語を習得する必要はないんだよ。

Lektion 7

etwas mit ～ zu tun haben（～と何らかの関係がある）、不定代名詞

1 キーセンテンス

2-01

1. Das hat auch mit ihrer Gastfreundschaft etwas zu tun.
2. Er hat mit dem Unfall nichts zu tun.
3. Hast du ein Fahrrad? − Ja, ich habe eins.
4. Er ist einer der populärsten Sänger in Japan.
5. Hast du Kleingeld bei dir? − Ja, ich habe welches.

2 Grammatik

1 etwas mit ～ zu tun haben「～と何らかの関係がある」、nichts mit ～ zu tun haben「～と何も関係がない」

Der Klimawandel hat **etwas mit** der globalen Erwärmung **zu tun**.
気候変動は地球の温暖化と何らかの関係があります。

Er hat **nichts mit** dem Unfall **zu tun**. 彼はその事故と何も関係ありません。

2-02

置き換え練習

音声を聞きながら下線部を置き換えましょう。

(1) Seine heitere Persönlichkeit hat etwas mit seiner Familie zu tun.
＜etwas mit ～ zu tun haben＞
seiner Mutter, seinem großen Freundeskreis, seiner Blutgruppe, seinem Sternzeichen, seinen Geschwistern

(2) Mit Thomas habe ich nichts zu tun. ＜nichts mit ～ zu tun haben＞
ihr, euch, ihm, ihnen, dir, Julia

2 不定代名詞 einer / eine / eines / welche / jemand / niemand

不定代名詞は、冠詞ではなく代名詞として使用される用法です。

	男性	女性	中性	複数
1格	einer	eine	ein(e)s	welche
2格	eines	einer	eines	welcher
3格	einem	einer	einem	welchen
4格	einen	eine	ein(e)s	welche

	男性	女性	中性	複数
1格	keiner	keine	kein(e)s	keine
2格	keines	keiner	keines	keiner
3格	keinem	keiner	keinem	keinen
4格	keinen	keine	kein(e)s	keine

1 格変化は文中の文法的役割により決まります。

(a) 主語として1格をとる例

Einer / **Eine** von euch muss mir helfen.
君たちのうち一人(男 / 女)がぼくを手伝わなければならないよ。

Keiner von uns kann Chinesisch sprechen.
私たちの中に中国語が話せる人はいません。

(b) 目的語として4格をとる例

Hast du einen Laptop? − Ja, ich habe **einen**. / Nein, ich habe **keinen**.
ノートパソコン持ってる？— うん、持ってるよ。/ いや、持ってないよ。

Hast du ein Fahrrad? − Ja, ich habe **eins**. / Nein, ich habe **keins**.
自転車持ってる？− うん、持ってるよ。/ いや、持ってないよ。

Kennst du jemanden, der gut Deutsch spricht? ドイツ語を上手に話す人誰か知ってる？
− Ja, ich kenne **jemanden**. うん、知ってるよ。
− Nein, ich kenne **niemanden**. いや、知らないよ。

注意 男女を問わず一般的に表現する際に男性形を使うことがありますが、これは総称男性形と呼ばれています。例えば、jemand「誰か」(㊋ *someone*) は男性形として変化しますが男女両方を含みます。(12課で詳しく説明します。)

2 「〜の一人/一つ」

◆einer / eine / eins 2格 あるいは einer / eine / eins von 3格

einer der Studenten あるいは **einer** von den Studenten
その学生たちの中の一人

eine der Politikerinnen あるいは **eine** von den Politikerinnen
その（女性）政治家の中の一人

◆einer / eine / eins 2格 + 最上級 あるいは einer / eine / eins von 3格「最も〜の一人 / 一つ」

Er ist **einer** der populärsten Sänger in Japan.
Er ist **einer** von den populärsten Sängern in Japan.
彼は日本で最も人気がある (男性) 歌手の一人です。

3 物質名詞、複数形で使用する welch-

(a) 物質名詞

Hast du Kleingeld bei dir*? − Ja, ich habe **welches**.

小銭持ってる？— うん、持ってるよ。

＊bei ～（人）は、その場で手元にあることを示します。

(b) 複数形

Hast du Gläser? − Ja, ich habe **welche**.

グラスある？— うん、あるよ。

2-03

置き換え練習

音声を聞きながら下線部を置き換えましょう。

(1) Hast du einen Laptop bei dir? — Ja, ich habe [einen].
ein iPhone, eine Zeitung, einen Kugelschreiber, ein Wörterbuch

(2) Eine meiner Freundinnen hat mir geholfen.
Einer meiner Freunde, Einer meiner Kommilitonen, Einer der Experten, Eine meiner Kommilitoninnen, Einer der Lehrer

(3) Deutsch ist eine der wichtigsten Sprachen für Japaner.
populärsten, schwersten, bekanntesten, beliebtesten, wertvollsten

2-04

3 スケッチ

（第6課の続き）日本人がドイツ人留学生たちと、英語で話そうとする理由について話し合っています。

Thomas: **Ja, aber wir sind jetzt in Japan und wir lernen Japanisch. Japaner müssen auch wissen, dass wir mit ihnen Japanisch sprechen möchten. Unser Japanisch ist zwar noch nicht ganz so gut, aber wir können uns irgendwie auf Japanisch verständigen.**

Lukas: **Japaner glauben auch, dass Ausländer mit Englisch besser zurechtkommen, und das stimmt oft auch.**

Luisa: **Das hat auch etwas mit ihrer Gastfreundschaft zu tun. Japaner glauben, dass sie mit Ausländern eher Englisch sprechen sollten, um gastfreundlich zu sein. Darüber hinaus glauben manche Japaner auch, dass Japanisch für Ausländer zu schwierig ist. Japanisch ist für uns zwar eine schwierige Sprache, Japaner müssen jedoch erkennen, dass auch Ausländer Japanisch bewältigen können.**

Lukas: **Andererseits sind viele Japaner noch nicht daran gewöhnt, mit Ausländern auf Japanisch zu sprechen. Wenn ich ihnen sage, dass ich mit ihnen Japanisch sprechen will, sind sie immer dazu bereit und mit** mir geduldig. Sie freuen sich sogar darüber, dass ich Japanisch spreche.

Luisa: Ich habe mich mit einigen Japanerinnen angefreundet. Mit ihnen spreche ich immer Japanisch. Sie haben in letzter Zeit angefangen, Deutsch zu lernen. Sie haben gemeint, dass sie mit mir auch auf Deutsch sprechen wollen.

Thomas: Das ist wunderbar! Ihr lernt gegenseitig die Sprache der anderen. Auf diese Weise könnt ihr euch miteinander besser verständigen.

4 練習問題

1. 文法練習 基礎

カッコ内を置き換えて文を完成し、和訳しましょう。

Deutsch ist für uns schwer. Dies hat etwas mit [　　　] zu tun.

(1) seiner komplizierten Grammatik

(2) seiner ungewohnten Aussprache

(3) seiner Diversität

ヒント seinerは前文のDeutsch（s）を受けています。

カッコ内の語を並び替えて文を作り、和訳しましょう。1語不足していますので、指示に合った意味になるように、自分で補ってください。

(4) Mit [dem, haben, tun, Verkehrsunfall, wir, zu]. ［関係ない］

(5) Das [Ergebnis, gute, hat, ihrer, mit, Persönlichkeit, tun, zu]. ［何か関係がある］

2. 文法練習 応用

カッコ内に適切な不定代名詞（einer, keiner, welcherなど）を挿入し、和訳しましょう。

(1) Diese Frage ist für uns zu schwer. Die kann (　　　　) von uns beantworten.

(2) Das ist (　　　　) der besten Universitäten in England.

(3) Ich habe kein Kleingeld bei mir. Hast du (　　　　)?

(4) Kennen Sie gute Romane für unsere Studenten? − Ja, ich kenne (　　　　).

(5) Hast du ein iPad? − Nein, ich habe (　　　　).

3. 聞き取り練習

2-05

A: ………………………………

………………………………

B: ………………………………

………………………………

A: ………………………………

………………………………

B: ………………………………

4. 対話練習

ヨーロッパから日本に来た人々が英語を上手く話すということを出発点として、何語で会話をしたらよいか、周りの人と話しましょう。

A: Viele Europäer in Japan sprechen gut Englisch.

B: 自分の考えを述べましょう。

例 B: Ich glaube, dass wir mit ihnen Englisch sprechen müssen.

A: Ich finde es nicht gut, weil ...

5. スケッチの復習

スケッチを見ないで空欄を補充しながら音読しましょう（答えは書き込まないでください）。

Thomas: Ja, aber w______ 1) sind jetzt i______ 2) Japan und w______ 3) lernen Japanisch. Jap______ 4) müssen au______ 5) wissen, dass w______ 6) mit ihnen Japa______ 7) sprechen möchten. Un______ 8) Japanisch ist zw______ 9) noch nicht ga______ 10) so gut, aber w______ 11) können uns irge______ 12) auf Japanisch verstä______ 13).

Lukas: Japaner glauben au______ 14), dass Ausl______ 15) mit Englisch bes______ 16) zurechtkommen, und d______ 17) stimmt oft au______ 18).

Luisa: Das hat au______ 19) etwas mit ihrer Gastfreu______ 20) zu t______ 21). Japaner glauben, da______ 22) sie mit Auslä______ 23) eher Englisch spre______ 24) sollten, um gastfre______ 25) zu sein. Dar______ 26) hinaus glauben man______ 27) Japaner auch, da______ 28) Japanisch für Ausl______ 29) zu schwierig i______ 30). Japanisch ist für u______ 31) zwar eine schwi______ 32) Sprache, Japaner müs______ 33) jedoch erkennen, da______ 34) auch Ausländer Japa______ 35) bewältigen können.

Lukas: Andererseits sind vi______36) Japaner noch ni______37) daran gewöhnt, m______38) Ausländern auf Japanisch zu spre______39). Wenn ich ih______40) sage, dass i______41) mit ihnen Japa______42) sprechen will, si______43) sie immer da______44) bereit und m______45) mir gedu______46). Sie freuen si______47) sogar darüber, da______48) ich Japanisch spr______49).

Luisa: Ich habe mi______50) mit einigen Japane______51) angefreundet. Mit ih______52) spreche ich im______53) Japanisch. Sie ha______54) in letzter Zeit angefangen, Deu______55) zu lernen. S______56) haben gemeint, da______57) sie mit m______58) auch auf Deu______59) sprechen wollen.

Thomas: ______60) ist wunderbar! I______61) lernt gegenseitig d______62) Sprache der anderen. A______63) diese Weise kön______64) ihr euch mitei______65) besser verständigen.

5 スケッチの確認

余力がある人は次の文章をドイツ語に訳してみましょう。

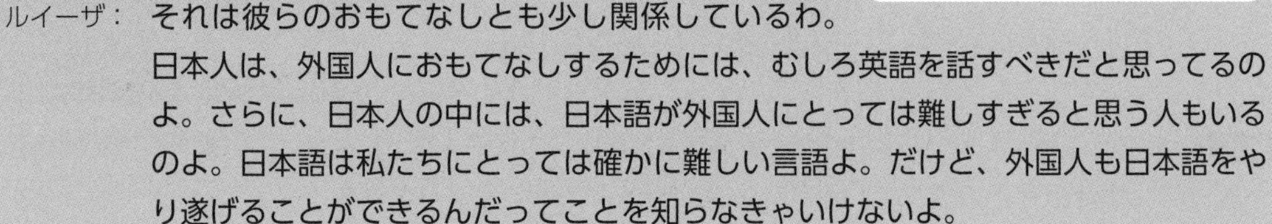

ルーカス：うん、でもぼくたちは今日本にいて、日本語を学んでいるんだよ。日本人は、ぼくたちが彼らと日本語を話したいということも知らなきゃいけないよ。私たちの日本語は確かにまだそれほどうまくないけど、どうにか日本語で意思疎通できる。

トーマス：日本人は、外国人は英語の方がうまくやっていけるとも思っていて、それは多くの場合そうなんだよね。

ルイーザ：それは彼らのおもてなしとも少し関係しているわ。日本人は、外国人におもてなしするためには、むしろ英語を話すべきだと思ってるのよ。さらに、日本人の中には、日本語が外国人にとっては難しすぎると思う人もいるのよ。日本語は私たちにとっては確かに難しい言語よ。だけど、外国人も日本語をやり遂げることができるんだってことを知らなきゃいけないよ。

トーマス：一方、多くの日本人は、まだ外国人と話をすることにあまり慣れていない。ぼくは彼らと日本語で話したいと彼らにいえば、彼らはいつもそれに合わせてくれて、ぼくのことを辛抱してくれるよ。彼らはそれどころか、ぼくが日本語を話すことを喜んでくれるんだ。

ルイーザ：私は何人かの日本人（女性）と友だちになったの。彼女たちと私はいつも日本語で話すわ。彼女たちは最近になってドイツ語を学び始めたのよ。彼女たちは、私とはドイツ語でも話したいと言ってたよ。

ルーカス：それは素晴らしい！君たちは互いに相手の言語を学び合っているんだね。そうやって君たちは互いにもっと理解し合うことができるよね。

Lektion 8

不定関係代名詞(wer, was)、話をつなぐ表現

1 キーセンテンス

1. Wer gern Wein trinkt, muss unbedingt Deutschland besuchen.
2. Was du gesagt hast, ist richtig.
3. Ich habe alles gemacht, was ich machen kann.
4. Dies ist das einzige, was ich in Japan unpraktisch finde.
5. Auf jeden Fall rufe ich dich morgen an.

2 Grammatik

1 不定関係代名詞

(1) wer「～する人」

先行詞をとらず、不特定の人を指します。

1格	wer
2格	wessen
3格	wem
4格	wen

Wer gern Wein trinkt, (der) muss unbedingt Deutschland besuchen.

［不定関係代名詞1格・指示代名詞1格］

ワインを飲むのが好きな人は、必ずドイツを訪れなければなりません。

補足 指示代名詞derは、Werの節が表す「ワインを飲むのが好きな人」を受けています。不定関係代名詞と指示代名詞の両方が1格の時は、指示代名詞derを省略できます。

Wer gern Wein trinkt, dem muss ich unbedingt dieses Lokal empfehlen.

［不定関係代名詞1格・指示代名詞3格］

ワインを飲むのが好きな人には、この店（飲食店）を必ずお勧めします。

Wem Wein schmeckt, der muss unbedingt dieses Lokal besuchen.

［不定関係代名詞3格・指示代名詞1格］

ワインが好きな人は、必ずこの店（飲食店）に行かなければなりません。

置き換え練習

音声を聞きながら下線部を置き換えましょう。

(1) **Wer Deutsch beherrschen will, muss fleißig lernen.** ＜不定関係代名詞wer＞
die Prüfung bestehen, das Studium beenden, viel verdienen,
anerkannt werden, seinen Traum verwirklichen

(2) **Wer ehrlich ist, dem helfe ich gern.** ＜不定関係代名詞wer＞
hört man zu,kann ich vertrauen, gesteht man Fehler ein, kann ich verzeihen

(2) was「～したこと・もの」

(a) 先行詞なし

Was du gesagt hast, (das) ist richtig.　君が言ったことは正しい。
dasは省略可能です。

Du kannst sagen, **was** du meinst.　君は思っていることを言っていいよ。

(b) 先行詞あり

◆不特定の事物を表す名詞化した形容詞

Das ist das Beste, **was** ich machen kann.　これが私にできる最善のことです。

◆不定代名詞、数詞、指示代名詞 das, etwas, nichts, alles, vielesなど

補足　etwasの場合には関係代名詞dasを使うこともあります。(p.17参照)

In diesem Museum gibt es nichts, **was** mich interessiert.
この美術館には私の興味を引くものは何もありません。

Ich habe alles gemacht, **was** ich machen kann.　私は自分にできることは全てやりました。

Du machst nur das, **was** ich sage.　君はぼくが言うことしかやらないね。

置き換え練習

音声を聞きながら下線部を置き換えましょう。

(1) **Was du gesagt hast, darüber muss ich nachdenken.**
＜不定関係代名詞was (先行詞なし)＞
er gesagt hat, sie erzählt hat, ihr vorgeschlagen habt, sie geplant hat,
du mir empfohlen hast

(2) **Das ist das einzige, was ich weiß.** ＜不定関係代名詞was (先行詞あり)＞
ich will, du jetzt machen musst, du mir erklären musst, mir fehlt,
ich für dich tun kann

(3) **Ist es das, was du machen willst?** ＜不定関係代名詞was (先行詞あり)＞
du willst, vor dem du Angst hast, du geleistet hast, sie geschrieben hat,
man wissen will

2 話をつなぐ表現

話をつなぐ際に、いつもundを使っていては変化に乏しくなってしまうので、少しバリエーションを増やしましょう。

(a) auf diese Weise, in dieser Weise 「このようにして」

Auf diese Weise kannst du ihr die Bedeutung erklären.

こうやって彼女にその意味の説明をできるよ。

類似表現 daher そのために　deshalb それゆえに　deswegen それゆえに

(b) auf jeden Fall, jedenfalls 「いずれにせよ」、「とにかく」

Auf jeden Fall rufe ich dich morgen an. いずれにせよ、明日君に電話するよ。

(c) außerdem 「その上に」、「さらに」

Der Kuchen schmeckt sehr gut. **Außerdem** ist er billig.

そのケーキはとても美味しいです。その上安いです。

(d) darüber hinaus 「その上に」、「さらに」

Der Kuchen schmeckt sehr gut. **Darüber hinaus** ist er billig.

そのケーキはとても美味しいです。その上安いです。

(e) trotzdem 「それにもかかわらず」

Ich habe viele Fehler gemacht. **Trotzdem** habe ich die Prüfung bestanden.

私はたくさん間違えました。それにもかかわらず試験に合格しました。

類似表現 副詞：jedoch, dennoch, allerdings

接続詞（並列）：aber

2-09

置き換え練習

音声を聞きながら下線部を置き換えましょう。意味が変わるので、その意味をよく考えながら練習しましょう。

Auf diese Weise habe ich erfolgreich eine Stelle gefunden.

Außerdem, Trotzdem, Darüber hinaus, Jedenfalls, Jedoch

3 スケッチ

2-10

日本では街中にゴミ箱があまりないことについて、トーマスが美咲と話しています。

Thomas: **Warum gibt es auf der Straße in Japan kaum Abfalleimer? Auch auf Bahnhöfen zum Beispiel findet man kaum Abfalleimer. Dies ist das einzige, was ich in Japan unpraktisch finde.**

Misaki: **Ja, Japan ist eins der sichersten Länder auf der Welt. Es gab aber 1995 einen Terroranschlag in der U-Bahn in Tokyo. Er hat viele Opfer gefordert. Direkt danach sind fast alle Abfalleimer in Tokyo entfernt worden, damit Terroristen nichts darin verstecken können.**

Thomas: **Terroranschläge hat es aber in Europa viel häufiger gegeben. Trotzdem kann man dort auf der Straße viele Abfalleimer finden. Ich weiß nicht, ob es etwas mit der öffentlichen Sicherheit zu tun hat. Ich denke, es gehört zu einer der elementarsten Aufgaben von Behörden, im öffentlichen Raum Abfalleimer aufzustellen. Damit können die Menschen einfacher leben.**

Misaki: **Ja, diese Maßnahme in Japan finde ich auch fraglich. Japaner möchten jedoch damit mögliche Terroranschläge verhindern. Auf jeden Fall ist es bemerkenswert, dass es auf den Straßen in Japan nicht dreckig ist.**

Thomas: **Das habe ich auch gemerkt. Woran liegt das denn?**

Misaki: **Das liegt vielleicht am Umweltbewusstsein der Bevölkerung. Jeder Passant nimmt seine Abfälle mit und entsorgt sie zu Hause. Wer nach Japan reisen möchte, der muss wohl disziplinierter sein.**

4 練習問題

1. 文法練習 基礎

カッコ内に適切な不定関係代名詞（wer, wasなど）を挿入し、和訳しましょう。

(1) Sie hat alles versucht, (　　　　) sie machen konnte.

(2) Haben Sie etwas gefunden, (　　　　) uns interessiert?

(3) Wissen Sie nichts, (　　　　) ihn interessiert?

(4) (　　　　) Deutsch sprechen kann, kann Touristen aus Deutschland helfen.

(5) (　　　　) den Hund gesehen hat, soll mich anrufen.

2. 文法練習 応用

不定関係代名詞（was, wer）を使って２つの文をつなぎ、和訳しましょう。

(1) Das ist das Beste. Wir können das machen.

(2) Das ist das einzige. Sie müssen verbessern.

(3) In den Sommerferien machen wir vieles. Das macht uns Spaß.

(4) Jemand besucht Japan. Der muss unbedingt Sake (japanischen Reiswein) trinken.

(5) Jemand geht auf eine Party. Der muss eine Krawatte tragen.

3. 聞き取り練習

2-11

ヒント auf ４格 achten ～に注意を払う

4. 対話練習

周りの人と、日本の路上のゴミについてドイツ語で話し合ってください。

参考 sauber 清潔な、dreckig 汚い、r Abfall (*pl.* Abfälle) ゴミ、e Dose (*pl.* Dosen) 缶、e Plastikflasche (*pl.* Plastikflaschen) ペットボトル、sauber|machen ［分離動詞］ 掃除する

5. スケッチの復習

スケッチを見ないで空欄を補充しながら音読しましょう（答えは書き込まないでください）。

Thomas: Warum gibt e____ 1) a____ 2) der Straße i____ 3) Japan kaum Abfalleimer? Auch a____ 4) Bahnhöfen zum Beis____ 5) findet man ka____ 6) Abfalleimer. Di____ 7) ist das ein____ 8), was ich i____ 9) Japan unpraktisch fi____ 10).

Misaki: Ja, Japan ist ei____ 11) der sichersten Län____ 12) auf der We____ 13). Es gab aber 1995 ei____ 14) Terroranschlag in d____ 15) U-Bahn in To____ 16). Er hat vi____ 17) Opfer gefordert. Dir____ 18) danach sind fa____ 19) alle Abfalleimer i____ 20) Tokyo entfernt wor____ 21), damit Terroristen ni____ 22) darin verst____ 23) können.

Thomas: Terroranschläge h____ 24) es aber i____ 25) Europa viel hä____ 26) gegeben. Trotzdem ka____ 27) man dort a____ 28) der Straße v____ 29) Abfalleimer f______ 30). Ich weiß ni______ 31), ob es etwas m______ 32) der öffentlichen Siche______ 33) zu t______ 34) hat. Ich de______ 35), es gehört z______ 36) einer der elemen______ 37) Aufgaben von Behö______ 38), im öffentlichen Ra______ 39) Abfalleimer aufzustellen. Da______ 40) können die Mens______ 41) einfacher leben.

Misaki: ______ 42), diese Maßnahme i______ 43) Japan finde i______ 44) auch fraglich. Jap______ 45) möchten jedoch da______ 46) mögliche Terroranschläge verhi______ 47). Auf jeden Fa______ 48) ist es bemerk______ 49), dass es a______ 50) den Straßen i______ 51) Japan nicht dre______ 52) ist.

Thomas: Das ha______ 53) ich auch gem______ 54). Woran liegt d______ 55) denn?

Misaki: Das li______ 56) vielleicht a______ 57) Umweltbewusstsein d______ 58) Bevölkerung. Jeder Passant ni______ 59) seine Ab______ 60) mit u______ 61) entsorgt sie z______ 62) Hause. Wer na______ 63) Japan r______ 64) möchte, d______ 65) muss wohl disziplinierter se______ 66).

5 スケッチの確認

余力がある人は次の文章をドイツ語に訳してみましょう。

トーマス： 日本の通りにはどうしてゴミ箱がほとんどないの？例えば駅でもほとんどゴミ箱を見かけないよ。このことは、唯一ぼくが日本で不便だと思うことなんだ。

美咲： ええ、日本は世界で最も安全な国の一つよ。だけど、1995年に東京の地下鉄でテロ行為があったの。多くの犠牲者が出たわ。その直後に、テロリストがゴミ箱の中に何か隠したりできないよう、東京のほとんど全てのゴミ箱が撤去されたのよ。

トーマス： でも、テロ攻撃はヨーロッパの方がはるかに多かった。それなのに、そこ（ヨーロッパ）では通りでたくさんゴミ箱を見かけるよ。ゴミ箱が治安と何か関係があるのか、ぼくにはわからない。公共の場所にゴミ箱を設置するのは、役所の最も基本的な任務の一つだと思うよ。それによって人々がより楽に生活ができる。

美咲： ええ、私も日本のこの対策は疑問に思うわ。でも日本人はこうやってテロ攻撃を防ぎたいのよ。いずれにせよ、日本では通りが汚くないということには注目すべきね。

トーマス： そのことにはぼくも気がついたよ。理由は一体どこにあるの？

美咲： 環境に対する国民の意識にあるのかもしれないよね。通行人は誰もがゴミを持ち帰って、家庭で処理するのよ。日本に旅行したい人は、より規律正しくなきゃいけないかもね。

Lektion 9

関係代名詞、冠飾句

1 キーセンテンス

1. Zwischen Deutschen und Japanern gibt es auch Unterschiede, die wir ohne Weiteres beobachten können.
2. Selbstbestimmung setzt Selbstverantwortung voraus, die zudem Disziplin braucht.
3. Das ist ein in Deutschland weit verbreiteter Spruch.
4. Das ist das von ihm gebaute Haus.
5. Das im Zimmer Klavier spielende Mädchen heißt Julia.

2 Grammatik

1 関係代名詞節

●関係代名詞の作り方は**「5. 関係代名詞」**(p.3)を参照してください。

	男性	女性	中性	複数
1格	der	die	das	die
2格	dessen	deren	dessen	deren
3格	dem	der	dem	denen
4格	den	die	das	die

Zwischen Deutschen und Japanern gibt es Unterschiede, die wir ohne Weiteres beobachten können.

ドイツ人と日本人の間には、簡単に確認できる違いがあります。

(a) 制限用法と非制限用法

関係代名詞節が先行詞を修飾する形を制限用法と呼びます。後ろから和訳します。先行詞の内容を補足して説明する関係代名詞節を非制限用法と呼びます。前から続けて和訳します。
英語ではコンマの有無で区別します。

[制限用法] *I have a friend who is writing a book.* 私には本を書いている友人がいます。
[非制限用法] *I have a friend, who is writing a book.* 私には友人がいて、その友人は本を書いています。

ドイツ語では常にコンマを打つので、形式上の区別はできないため、文脈で判断します。
Wir sind am Bodensee, **der** zwischen Deutschland und der Schweiz liegt.

[制限用法]　私たちはドイツとスイスの間にあるボーデン湖にいます。
[非制限用法]　私たちはボーデン湖にいて、それはドイツとスイスの間にあります。

Selbstbestimmung setzt Selbstverantwortung voraus, **die** zudem Disziplin braucht.
自己決定は自己責任を前提とし、自己責任はさらに規律を必要としています。

●この文では、関係代名詞節にzudem「さらに」が入っているので、非制限用法として前から訳していくのが自然でしょう。

2-13

置き換え練習

音声を聞きながら下線部を置き換えましょう。

(1) Das ist [der] Unterschied, [den] ich gefunden habe.
Problem, Lösung, Arbeit, Geheimnis, Thema

(2) Wir legen Wert auf Harmonie, [die] für eine gute Gruppenarbeit wichtig ist.
Disziplin, Pünktlichkeit, Ehrlichkeit, Zuverlässigkeit, Freundlichkeit

2 冠飾句

過去分詞や現在分詞が、付属語をつなげて前から名詞を修飾する形は、冠飾句と呼ばれます。書きことば調になるので、日常会話ではあまり使われません。

(1) 過去分詞

Das ist ein in Deutschland weit verbreitete**r** Spruch.
それはドイツで広く普及している格言です。

●過去分詞verbreitetは形容詞として使われているので、形容詞の語尾-er（男性1格）が付きます。

◆関係代名詞を使って言い換えることもできます。

➡ Das ist ein Spruch, **der** in Deutschland weit verbreitet ist.
状態受動なのでistを使っています

das von ihm gebaute Haus　彼によって建てられた家
➡ das Haus, **das** von ihm gebaut wurde

(2) 現在分詞

das im Zimmer Klavier spielen**de** Mädchen　その部屋でピアノを弾いている女の子

現在分詞： 動詞の原形＋d「～している」　例 spielen → spielen**d**
●英語の～*ing*形に対応します。
●名詞を修飾する時には、形容詞の語尾が付きます。
der folgend**e** Tag　その次の日　（英 *the following day*）

2-14

置き換え練習

音声を聞きながら下線部を置き換えましょう。

(1) der von mir geschriebene Aufsatz
gelesen, korrigiert, gefunden, umgeschrieben, verkauft

(2) die am Tisch sitzende Frau
im Konzertsaal singend, Violine spielend, gerade mit ihm sprechend, vor der Tür stehend, gerade Wein trinkend

2-15

3 スケッチ

（第８課の続き）美咲とトーマスのゴミ箱に関するディスカッションは、規律の問題に発展します。

Misaki: **In Deutschland legt ihr auch großen Wert auf Disziplin. Man sagt, die Deutschen sind ein diszipliniertes Volk.**

Thomas: **Ja, aber Disziplin hat auch eine negative Bedeutung. Sie fordert blinden Gehorsam, wie beim Militär oder in Gefängnissen. Disziplin kann man daher als ein Zeichen für Unterdrückung der Selbstständigkeit bezeichnen.**

Misaki: **Das ist extrem. Im Zusammenleben mit anderen Menschen muss man auf die Regeln der Gesellschaft achten. Dafür ist Disziplin notwendig. Wir leben nicht alleine.**

Thomas: **Du hast natürlich recht. Ich wollte einfach sagen, dass in unserer demokratischen Gesellschaft Selbstbestimmung wichtig ist. Sie bedeutet keine absolute Freiheit des Individuums. Selbstbestimmung setzt Selbstverantwortung voraus, die zudem Disziplin erfordert.**

Misaki: **Genau. Ich denke, in diesem Sinne haben Japaner und Deutsche einen gemeinsamen Wert.**

Thomas: **Auf Deutsch sagt man, Ordnung ist das halbe Leben. Um diesen in Deutschland weit verbreiteten Spruch zu realisieren, muss man diszipliniert sein. Zwischen Deutschen und Japanern gibt es aber auch Unterschiede, die wir ohne Weiteres beobachten können. Japaner legen mehr Wert auf Harmonie. Daher sind Japaner für ihre sehr gute Gruppenarbeit berühmt.**

Misaki: **Das ist ein stereotypischer Dualismus zwischen Individualismus und Kollektivismus. Auch in Deutschland ist die Fähigkeit zur Gruppenarbeit sehr wichtig, die eine grundlegende Basis für die berufliche Laufbahn ist.**

Thomas: **Das ist richtig. Dabei darf Individualität aber nicht unterdrückt werden.**

Gruppenleistungen stützen sich letztendlich auf Einzelleistungen. In Japan steht aber oft die Gruppe vor dem Individuum.

Misaki: **Ich bin nicht sicher, ob das so stimmt.**

4 練習問題

1. 文法練習 基礎

次の表現を冠飾句を使って書き換えて、和訳しましょう。

(1) der Student, der fleißig Deutsch lernt

(2) die Leute, die in der Mensa essen

(3) das Buch, das von meinem Professor geschrieben wurde

(4) die Fremdsprache, die in Japan am meisten gelernt wird

(5) die Nachrichten, die durch die Medien manipuliert wurden

2. 文法練習 応用

2つの文を関係代名詞でつなげて、和訳しましょう。

(1) Ich muss Harmonie lernen. Sie ist für Orchestermusiker notwendig.

(2) Mein Chef fordert von mir Selbstverantwortung. Sie setzt Disziplin voraus.

(3) Wir müssen auf die Regeln achten. Sie sind die Basis für die Gesellschaft.

(4) Ich lege Wert auf Chancengleichheit. Sie ist für Schüler wichtig.

(5) Die Fähigkeit zur Gruppenarbeit müssen wir uns aneignen. Der Manager fordert sie von uns.

3. 聞き取り練習

2-16

4. 対話練習

A: Gibt es Unterschiede zwischen Deutschen und Japanern?

B: 自由に答えましょう。

5. スケッチの復習

スケッチを見ないで空欄を補充しながら音読しましょう（答えは書き込まないでください）。

Misaki: In Deutschland le______ 1) ihr auch gro______ 2) Wert auf Disz______ 3). Man sagt, die Deut______ 4) sind ein diszipl______ 5) Volk.

Thomas: Ja, ab______ 6) Disziplin hat au______ 7) eine negative Bede______ 8). Sie fordert bli______ 9) Gehorsam, wie be______ 10) Militär oder i______ 11) Gefängnissen. Disziplin ka______ 12) man daher a______ 13) ein Zeichen f______ 14) Unterd______ 15) der Selbstständigkeit bezei______ 16).

Misaki: Das ist ext______ 17). Im Zusammenleben m______ 18) anderen Menschen mu______ 19) man auf d______ 20) Regeln der Gesell______ 21) achten. Dafür i______ 22) Disziplin not______ 23). Wir le______ 24) nicht alleine.

Thomas: ______ 25) hast natürlich re______ 26). Ich wollte ein______ 27) sagen, dass i______ 28) unserer demokratischen Gesell______ 29) Selbstbestimmung wichtig i______ 30). Sie bedeutet ke______ 31) absolute Freiheit d______ 32) Individuums. Selbstbestimmung se______ 33) Selbstverantwortung voraus, d______ 34) zudem Disziplin erfo______ 35).

Misaki: Genau. Ich de______ 36), in diesem Si______ 37) haben Japaner u______ 38) Deutsche einen gemei______ 39) Wert.

Thomas: Auf Deu______ 40) sagt man, Ord______ 41) ist das ha______ 42) Leben. Um die______ 43) in Deutschland we______ 44) verbreiteten Spruch z______ 45) realisieren, muss m______ 46) diszipliniert sein. Zwis______ 47) Deutschen und Japa______ 48) gibt es ab______ 49) auch Unterschiede, d______ 50) wir ohne Weit______ 51) beobachten können. Jap______ 52) legen mehr We______ 53) auf Harmonie. Da______ 54) sind Japaner f______ 55) ihre sehr gu______ 56) Gruppenarbeit berühmt.

Misaki: ______ 57) ist ein stereot______ 58) Dualismus zwischen Individ______ 59) und Kollektivismus. Au______ 60) in Deutschland i______ 61) die Fähigkeit z______ 62) Gruppenarbeit sehr wic______ 63), die eine grundl______ 64) Basis für d______ 65) berufliche Laufbahn i______ 66).

Thomas: Das ist ric______ 67). Dabei darf Individ______ 68) aber nicht unter______ 69) werden. Gruppenleistungen stü______ 70) sich letztendlich a______ 71) Einzelleistungen. In Ja______ 72) steht aber o______ 73) die

Gruppe vor dem Indiv________[74].

Misaki: Ich bin ni________[75] sicher, ob d________[76] so stimmt.

5 スケッチの確認

余力がある人は次の文章をドイツ語に訳してみましょう。

美咲： ドイツでも規律に大きな価値を置いてるよね。ドイツ人は規律のある民族だと言われているわ。

トーマス： うん、でも規律には否定的な意味もあるよ。規律は、軍隊や刑務所なんかであるような盲目的な従順を求める。だから規律は、自立性の抑圧とも言えるよね。

美咲： それは極端よ。他の人たちとの共生では、社会の規則に注意を払わなければならないわ。そのためには規律が必要なのよ。私たちは一人で生きているわけじゃない。

トーマス： もちろん君は正しいよ。ただ、ぼくたちの民主的な社会では自主的な意思決定が大切だと言いたかったんだ。それ（＝自主的な意思決定）は個人の絶対的な自由を意味しない。自主的な意思決定は自己責任を前提としていて、それはさらに規律を必要としているよ。

美咲： その通りよ。その意味では、日本人とドイツ人は同じ価値を共有しているね。

トーマス： ドイツ語では、「人生の半分は秩序だ」と言うよ。このドイツで広く知れ渡った（←普及した）格言を実現するには、人は規律を持たねばならない。だけど、ドイツ人と日本人の間には、すぐに観察できる違いもあるよ。日本人は調和により多くの価値を置いている。だから、日本人はとても優れたチームワークで有名だ。

美咲： それは個人主義と集団主義のステレオタイプ的な二元論だわ。ドイツでも、仕事を続けていく上で根本的な基盤となるチームワークの能力はとても大切よ。

トーマス： それは正しいよ。でも、その際に個性が抑圧されてはいけないね。結局のところ、チームの業績は個人の業績に支えられているよ。日本では個人よりもチームが優先されることがよくあるね。

美咲： それが当てはまるか、私には確信できないわ。

Lektion 10 過去完了形、未来完了形

1 キーセンテンス

2-17

1. Ich hatte ein Jahr Japanisch gelernt,
   als ich Japan besuchte.
2. Nachdem ich ein Jahr Japanisch gelernt hatte,
   besuchte ich Japan.
3. Sie war schon gegangen, als ich im Restaurant
   ankam.
4. Bis Ende August werde ich die Arbeit beendet haben.
5. Du wirst nach 10 Jahren Professorin geworden sein.

2 Grammatik

1 過去完了形

過去のある時点を基準として、それよりも前のことを表現する時に使います。

hatte / **war** …… **過去分詞**. 「～して（しまって）いた」

hatteとwarのどちらを使うかは、動詞で決まります。（現在完了形で、habenとseinのいずれをとるかに準じます。）

Ich **hatte** ein Jahr Japanisch **gelernt**, als ich Japan besuchte.
私が来日した時、日本語を１年間勉強していました。

Sie **war** schon **gegangen**, als ich im Restaurant ankam.
私がレストランに着いた時、彼女はもういませんでした。

◆nachdem「～した後に」という従属接続詞を使うこともあります。

Nachdem ich ein Jahr Japanisch **gelernt hatte**, besuchte ich Japan.
１年間日本語を学んだ後に、私は日本を訪れました。

2-18

置き換え練習

音声を聞きながら下線部を置き換えましょう。

(1) Ich las den Roman auf Deutsch, nachdem ich drei Jahre Deutsch gelernt hatte.
<過去完了>

in Wien studiert, den Autor kennengelernt, den Vortrag gehört,
Germanistik studiert

(2) Als er den Bahnhof erreichte, war seine Freundin schon weggegangen.
<過去完了>

der Zug schon weggefahren, der Zug schon angekommen, er eingeschlafen,
er müde geworden

2 未来完了形

werden …… 過去分詞 haben / sein. 「～して（しまって）いるだろう」

(a) 未来のある時点で行為・動作が完了していることを表現
「～して（しまって）いるだろう」

Bis Ende August **werde** ich die Arbeit **beendet haben**.
8月末までに私はその仕事を終えているでしょう。

Du **wirst** nach 10 Jahren Professorin **geworden sein**. 君は10年後には教授になってるだろう。
●やや形式ばった表現なので、会話ではより簡単に次のように表現するのが自然かもしれません。
Du **wirst** nach 10 Jahren Professorin **werden**.

(b) 過去に起こったことの推量を表現
werdenが推量の意味となり、過去のことを表します。
Der Politiker **wird** den Hintergrund des Ereignisses **gewusst haben**.
その政治家は、その事件の背景を知っていたのでしょう。

2-19

置き換え練習

音声を聞きながら下線部を置き換えましょう。

(1) In drei Tagen werde ich die Arbeit beendet haben. <未来完了形>
meine Hausarbeit geschrieben haben, in Köln angekommen sein,
Japan verlassen haben, ein neues iPhone gekauft haben,
meinen PC repariert haben

(2) Er wird krank gewesen sein. <過去の推量>
das Ergebnis gewusst haben, mein Geheimnis verraten haben,
lange mit ihr im Lokal geblieben sein, meinem Bruder geholfen haben

語学学校での研修を終えて、トーマスは大学で学んでいます。教室に向かう途中で美咲と話しています。

Thomas: **Misaki, weißt du, wo der Hörsaal D 214 ist?**

Misaki: **Der ist in dem weißen Gebäude da drüben. Ich gehe jetzt ins gleiche Gebäude. Welchen Unterricht hast du denn?**

Thomas: **Ich habe das Proseminar „Einführung in die Japanologie“. Und du?**

Misaki: **Ich besuche das Oberseminar für Angewandte Linguistik.**

Thomas: **Du hast mir einmal erzählt, dass du schon deinen Master gemacht hast. Was möchtest du noch studieren?**

Misaki: **Mein Forschungsgebiet ist Linguistik. Ich möchte gern in Deutschland meinen Doktor machen.**

Thomas: **Du hast schon einmal in Deutschland studiert, nicht wahr?**

Misaki: **Ja, in Deutschland habe ich ein Jahr Deutsch gelernt, als ich erst 20 war. Damals konnte ich am Anfang fast kein Deutsch sprechen, da ich vorher nur zwei Jahre Deutsch gelernt hatte. Ich habe aber viele Deutsche kennengelernt, die mir freundlich geholfen haben.**

Thomas: **Jetzt sprichst du fast perfekt Deutsch. Ich bin vor einem Monat in Japan angekommen. Vorher hatte ich nur ein Jahr Japanisch gelernt. Daher habe ich nur auf Englisch gehaltene Vorlesungen belegt. Worüber möchtest du promovieren?**

Misaki: **Ich interessiere mich für die Standardvarietäten des Deutschen. Deswegen möchte ich meine Doktorarbeit über die Standardisierung des Deutschen schreiben.**

Thomas: **Die Standardisierung des Deutschen? Das scheint schwierig zu sein.**

Misaki: **Es ist nicht typisch für dich, Thomas. Für eine Dissertation gibt es kein einfaches Thema. Das weißt du doch als „Kritiker“!**

Thomas: **Als „Kritiker“ bin ich dir nicht gewachsen, Misaki. Du wirst bestimmt nach 10 Jahren Professorin geworden sein. Ach, wir müssen uns beeilen! Wir kommen zu spät zum Unterricht!**

4 練習問題

1. 文法練習 基礎

次の文を過去完了に書き換えて、和訳しましょう。

(1) Sie ist schon in Köln angekommen.

(2) Ich habe in Salzburg Musik studiert.

(3) Ihr seid ziemlich lang geblieben.

(4) Es hat kein gutes Thema gegeben.

(5) Wir sind alt geworden.

2. 文法練習 基礎

次の文を未来完了に書き換えて、和訳しましょう。

(1) Sie ist schon in Köln angekommen.

(2) Ich habe in Salzburg Musik studiert.

(3) Ihr seid ziemlich lang geblieben.

(4) Es hat kein gutes Thema gegeben.

(5) Wir sind alt geworden.

3. 聞き取り練習

2-21

4. 対話練習

A: An der Uni hast du schon zwei Jahre Deutsch gelernt. Hattest du vorher ein bisschen Deutsch gelernt?

B: Ja / Nein. 自由に説明しましょう。

A: In zwei Jahren wirst du schon vier Jahre Deutsch gelernt haben. Was willst du mit Deutsch anfangen?

B: 自由に説明しましょう。

5. スケッチの復習

スケッチを見ないで空欄を補充しながら音読しましょう（答えは書き込まないでください）。

Thomas: Misaki, weißt d______1), wo der Hör______2) D 214 ist?

Misaki: ______3) ist in dem wei______4) Gebäude da drü______5). Ich gehe je______6) ins gle______7) Gebäude. Welchen Unter______8) hast du de______9)?

Thomas: Ich habe d______10) Proseminar „Einführung i______11) die Japano______12)“. Und du?

Misaki: ______13) besuche das Obers______14) für Angewandte Lingu______15).

Thomas: Du hast m______16) einmal erzählt, da______17) du schon dei______18) Master gemacht ha______19). Was möchtest d______20) noch studieren?

Misaki: M______21) Forschungsgebiet ist Lingu______22). Ich möchte ge______23) in Deutschland mei______24) Doktor machen.

Thomas: ______25) hast schon ein______26) in Deutschland stud______27), nicht wahr?

Misaki: ______28), in Deutschland ha______29) ich ein Ja______30) Deutsch gelernt, a______31) ich erst 20 w______32). Damals konnte i______33) am Anfang fa______34) kein Deutsch spre______35), da ich vor______36) nur zwei Ja______37) Deutsch gelernt ha______38). Ich habe ab______39) viele Deutsche kennen______40), die mir freun______41) geholfen haben.

Thomas: J______42) sprichst du fa______43) perfekt Deutsch. I______44) bin vor ei______45) Monat in Ja______46) angekommen. Vorher ha______47) ich nur e______48) Jahr Japanisch gel______49). Daher habe i______50) nur auf Englisch geha______51) Vorlesungen belegt. Wor______52) möchtest du promo______53)?

Misaki: Ich interessiere mi______54) für die Standardvarietäten d______55) Deutschen. Deswegen möc______56) ich meine Doktor______57) über die Standard______58) des Deutschen schr______59).

Thomas: Die Standardisierung d______60) Deutschen? Das sch______61) schwierig z______62) sein.

Misaki: Es i______63) nicht typisch f______64) dich, Thomas. F______65) eine Dissertation gi______66) es kein einf______67) Thema. Das we______68) du d______69) als „Kritiker“!

Thomas: ______70) „Kritiker“ bin i______71) dir nicht gewa______72), Misaki. Du wi________ 73) bestimmt nach 10 Jah________ 74) Professorin geworden se________ 75). Ach, wir müs________ 76) uns beeilen! W________ 77) kommen zu sp________ 78) zum Unterricht!

5 スケッチの確認

余力がある人は次の文章をドイツ語に訳してみましょう。

トーマス：美咲、D214講義室はどこか知ってる？
美咲：（それは）あそこの白い建物の中よ。私も今同じ建物に行くところ。どの授業があるの？
トーマス：「日本学入門」の基礎演習があるんだよ。君は？
美咲：私は応用言語学の上級ゼミに行くところよ。
トーマス：君はもう修士号を取ったって言ってたよね。まだ何を勉強したいの？
美咲：私の研究分野は言語学なの。ドイツで博士号を取りたいのよ。
トーマス：君はもう以前にドイツに留学したことがあったよね。
美咲：うん、まだ二十歳の時に１年間ドイツでドイツ語の勉強したよ。あの時は、２年間しかドイツ語を勉強してなかったから、最初はほとんどドイツ語を話せなかったの。でも、たくさんのドイツ人と知り合って、親切に助けてくれたわ。
トーマス：今はほとんど完璧にドイツ語を話しているね。ぼくは１ヶ月前に日本に来たところだ。その前にはたった１年間日本語を勉強しただけだ。だから、英語でやってる講義しか登録しなかったよ。どんなことについて博士論文を書きたいの？
美咲：私はドイツ語の標準変種に興味があるの。だからドイツ語の標準化について博士論文を書きたいの。
トーマス：ドイツ語の標準化？それは難しそうだね。
美咲：あなたらしくないわね、トーマス。博士論文に簡単なテーマなんてないわよ。そんなこと「批評家」のあなたならわかってるでしょ。
トーマス：「批評家」としてなら君にかなわないよ、美咲。君は10年後には教授になってるだろうね。ああ、急がなきゃ。授業に遅れるよ。

Lektion 11

接続法1式、2式

1 キーセンテンス

2-22

1. Japans Außenminister hat gesagt, er besuche im Dezember die USA.
2. Ich dachte, Universitäten in Japan seien niveauvoll.
3. Ich komme zur Party, es sei denn, ich bin müde.
4. Wenn ich besser Japanisch sprechen könnte, würde ich reguläre Vorlesungen besuchen.
5. Wenn ich mehr Zeit hätte!

2 接続法 1 式

1 接続法 1 式

◆接続法 1 式基本形の作り方
次の表にあるように、
語幹に語尾を付けます。

ich	besuch**e**	wir	besuch**en**
du	besuch**est**	ihr	besuch**et**
er/sie/es	besuch**e**	sie	besuch**en**
Sie besuch**en**			

(a) 他者の発言を伝える間接話法
接続法 1 式では、他者の発言を間接的に伝えることになり、発話者は内容の真偽には関与しません。特に報道などで、第三者の発言を伝達する際によく使われます。

◆間接話法
●接続法 1 式
Japans Außenminister hat gesagt, er **besuche** im Dezember die USA.
日本の外相は、12月にアメリカ合衆国を訪れると言いました。
●直接法
Japans Außenminister hat gesagt, er **besucht** im Dezember die USA.

◆直接話法
直接話法では、発話内容を引用符を付けて直接法で伝えます。
Japans Außenminister hat gesagt: „Ich besuche im Dezember die USA."
日本の外相は、「私は 12月にアメリカ合衆国を訪れる」と言いました。

(b) 要求話法

Man **schäle** Kartoffeln.　ジャガイモの皮をむいてください。(料理本)

● schälen「皮をむく」の接続法１式を使うことで、「～してください」の意味になります。

(c) seiを使う定型表現

◆wie dem auch sei　「いずれにせよ」

Wie dem auch sei, helfe ich dir.　いずれにせよ、ぼくは君を手伝うよ。

◆Es sei denn,「～でなければ」

Ich komme zur Party, es sei denn, ich bin müde.　疲れていなければ、パーティーに行きます。

◆Gott sei Dank!「やれやれ（助かった）。」

補足　接続法１式では、直接法と同じ形になる場合があります。

Sie hat mich gefragt, ob ich Kleingeld bei mir **habe**.

私が小銭を持っているか彼女が尋ねました。

この文ではhabeが、接続法１式か直接法かは判別できません。

このように、接続法１式と直接法が同じ形になる場合、接続法２式で代用することがあります。

Sie hat mich gefragt, ob ich Kleingeld bei mir **hätte**. [接続法１式を２式で代用]

2-23

置き換え練習

音声を聞きながら下線部を置き換えましょう。

(1) Sie hat gesagt, er komme heute nicht.　<接続法１式>

lerne Deutsch, spiele Violine, besuche Julia, kaufe ein iPhone, spreche Arabisch

(2) Er hat mich gefragt, ob ich Kleingeld hätte.　<接続法１式を２式で代用>

ein Fahrrad, ein iPad, ein Auto, ein Wörterbuch, ein Notebook

2　接続法２式

◆接続法２式基本形の作り方

①過去基本形を作る。

②語尾に -eが無ければ、-eを付ける。

③幹母音のa, o, uにウムラウトを付ける。

◆接続法２式の人称変化

	sein **wäre**	haben **hätte**	werden **würde**	gehen **ginge**
ich	wäre	hätte	würde	ginge
du	wär**est**	hätt**est**	würd**est**	ging**est**
er/sie/es	wäre	hätte	würde	ginge
wir	wär**en**	hätt**en**	würd**en**	ging**en**
ihr	wär**et**	hätt**et**	würd**et**	ging**et**
sie/Sie	wär**en**	hätt**en**	würd**en**	ging**en**

●接続法２式は主にsein, haben, gehen, 話法の助動詞で使います。
●それ以外の動詞は高尚な文章でのみ使い、その代わりにwürdeを使います。

Wenn ich mehr Zeit **hätte**, **hälfe** ich dir. ［接続法２式］

Wenn ich mehr Zeit **hätte**, **würde** ich dir helfen. ［würdeを使用］

もっと時間があれば、君を助けてあげられるのに。

(a) 非現実用法

Wenn ich besser Japanisch sprechen **könnte**, **würde** ich reguläre Vorlesungen besuchen.

もしもっと日本語をうまく話せたら、通常の講義に出ているのに。

◆wenn節だけで、「だったらいいのになあ」という願望を表現することもできます。

Wenn ich besser Deutsch sprechen **könnte**! もっとうまくドイツ語を話せたらなあ。

Wenn ich mehr Zeit **hätte**! もっと時間があればなあ。

An Ihrer Stelle **würde** ich das nicht tun. 私があなたの立場なら、それはやらないでしょう。

◆an ～ Stelle を使わないで、Ich würde ～「私だったら～するでしょう。」という表現もよく使われます。

Ich **würde** das nicht tun. 私だったら、それはやらないでしょう。

(b) 外交的用法

Es **wäre** nett, wenn Sie mir helfen **könnten**. 私を助けてくださったら、ありがたいのですが。

2-24

置き換え練習

音声を聞きながら下線部を置き換えましょう。

(1) Wenn ich mehr Geld hätte, würde ich ein Haus kaufen. <接続法２式：従属節＋主節>
ein neues iPhone kaufen, eine Reise nach Österreich machen,
Business Class fliegen, mehr Bücher kaufen, in Deutschland studieren

(2) Wenn ich besser Deutsch sprechen könnte! <接続法２式「～ならいいのになあ」>
Violine spielen, eine Weltreise machen, Pilot werden,
mich mit mehr Deutschen anfreunden, mehr Geld verdienen

(3) Ich würde das nicht tun. <接続法２式「～なら…するでしょう」>
früher aufstehen, sie anrufen, es ihr nicht sagen, mehr Bücher lesen,
den Kindern helfen

3 スケッチ

2-25

トーマスは久しぶりにドイツの友だちMaximilianとスカイプで会話します。

Thomas: **Hallo, Maximilian! Seit September studiere ich Japanologie an der Uni in Kyoto. Neben den Japanischkursen besuche ich einige Vorlesungen und Seminare, die auf Englisch gehalten werden.**

Maximilian: **Hallo, Thomas! Wie gefällt es dir an der Uni in Japan?**

Thomas: **Sehr gut. In Deutschland sind die Uni-Gebäude oft in der Stadt verstreut. In Japan gibt es in der Regel ein von der Umgebung deutlich abgegrenztes Uni-Gelände, in dem fast nur Studierende und Mitarbeiter sind. Da fühlt man sich frei und ungebunden. Was das Studium betrifft, hat mir eine japanische Freundin von mir gesagt, es sei nicht so anspruchsvoll.**

Maximilian: **Ich dachte, Universitäten in Japan seien niveauvoll und die Studierenden lernen fleißig.**

Thomas: **Das kann ich selbst nicht beurteilen, weil ich nur an auf Englisch gehaltenen Lehrveranstaltungen teilnehme. Da gibt es viele internationale Studierende und die Atmosphäre ist ganz anders. Wenn ich besser Japanisch könnte, würde ich gerne an regulären Vorlesungen und Seminaren teilnehmen. Misaki hat aber gesagt, es herrsche hier noch Frontalunterricht und es gebe nicht so viel Interaktion zwischen Dozenten und Studierenden.**

Maximilian: **Hierzulande ist auch Frontalunterricht üblich.**

Thomas: **Ja, aber in vielen Seminaren in Deutschland werden auch Partnerarbeit und Gruppenarbeit kombiniert. Dafür ist Interaktion sehr wichtig. Außerdem sind japanische Studierende immer sehr beschäftigt. Ihr Stundenplan ist voll gepackt. Daneben sind Aktivitäten in den Uni-Klubs auch ein wichtiger Teil ihres Alltags. Darüber hinaus gehen viele von ihnen noch jobben. Es ist nachvollziehbar, dass ihnen nicht viel Zeit zum Lernen bleibt.**

4 練習問題

1. 文法練習 基礎

次の文を接続法1式で書き換えて、和訳しましょう。

例 Er kommt heute nicht. → Man hat mir gesagt, er komme heute nicht.

(1) Er hat mit seinem Job aufgehört.

(2) Japans Premierminister ist nach Berlin geflogen.

(3) Sie kann bestimmt das Staatsexamen absolvieren.

(4) Thomas hat die Prüfung bestanden.

(5) Der Professor hat wieder ein neues Lehrbuch veröffentlicht.

2. 文法練習 基礎

接続法２式の丁寧な表現に書き換えて、和訳しましょう。

(1) Hast du jetzt ein bisschen Zeit?
(2) Helfen Sie mir bei der Übersetzung?
(3) Darf ich auch an der Party teilnehmen?
(4) Können Sie bitte schnell die Tür zumachen?
(5) Ich will Sie fragen, ob Sie uns Deutsch lehren können.

3. 文法練習 応用

例にならって、接続法２式を使って書き換えて、和訳しましょう。

例 Ich kann kein Deutsch. Ich kann den Text nicht ins Deutsche übersetzen.
→ Wenn ich Deutsch könnte, könnte ich den Text ins Deutsche übersetzen.

(1) Ich kann nicht gut Japanisch sprechen. Ich kann keine regulären Vorlesungen besuchen.
(2) Ich habe keinen Führerschein. Ich kann nicht durch Europa fahren.
(3) Sie hat kein musikalisches Talent. Sie kann keine professionelle Hornistin werden.
(4) Er kann kein Stipendium bekommen. Er kann nicht in Salzburg Musik studieren.
(5) Der Professor ist mit seiner Arbeit sehr beschäftigt. Er kann sein privates Leben nicht genießen.

4. 聞き取り練習

2-26

A: ....

....

B: ....

....

A: ....

5. 対話練習

A: Glaubst du, dass der Unterricht in Japan interaktiv ist?
B: Ja / Nein, weil 自由に続けましょう。
A: Findest du das gut?
B: 自由に続けましょう。

6. スケッチの復習

スケッチを見ないで空欄を補充しながら音読しましょう（答えは書き込まないでください）。

Thomas: Hallo, Maximilian! Se_____ [1] September studiere i_____ [2] Japanologie an d_____ [3] Uni in Kyoto. Neben d_____ [4] Japanischkursen besuche i_____ [5] einige Vorlesungen u_____ [6] Seminare, die a_____ [7] Englisch gehalten wer_____ [8].

Maximilian: Hallo, Thomas! W_____ [9] gefällt es d_____ [10] an der U_____ [11] in Japan?

Thomas: S_____ [12] gut. In Deuts_____ [13] sind die Uni-G_____ [14] oft in d_____ [15] Stadt verstreut. I_____ [16] Japan gibt e_____ [17] in der Re_____ [18] ein von d_____ [19] Umgebung deutlich abgegr________[20] Uni-Gelände, in d________[21] fast nur Studi________[22] und Mitarbeiter si________[23]. Da fühlt m________[24] sich frei u________[25] ungebunden. Was d________[26] Studium betrifft, h________[27] mir eine japan________[28] Freundin von m________[29] gesagt, es s________[30] nicht so anspru________[31].

Maximilian: Ich dachte, Univer________[32] in Japan se________[33] niveauvoll und die Studi________[34] lernen fleißig.

Thomas: ________[35] kann ich sel________[36] nicht beurteilen, we________[37] ich nur a________[38] auf Englisch gehal________[39] Lehrveranstaltungen teilnehme. D________[40] gibt es vi________[41] internationale Studierende u________[42] die Atmosphäre i________[43] ganz anders. We________[44] ich besser Japa________[45] könnte, würde i________[46] gerne an regu________[47] Vorlesungen und Semi________[48] teilnehmen. Misaki h________[49] aber gesagt, e________[50] herrsche hier no________[51] Frontalunterricht und e________[52] gebe nicht s________[53] viel Interaktion zwis________[54] Dozenten und Studie________[55].

Maximilian: Hierzulande ist au________[56] Frontalunterricht üblich.

Thomas: ________[57], aber in vie________[58] Seminaren in Deuts________[59] werden auch Partne________[60] und Gruppenarbeit kombi________[61]. Dafür ist Inter________[62] sehr wic________[63]. Außerdem sind japan________[64] Studierende immer se________[65] beschäftigt. Ihr Stund________[66] ist voll gep________[67]. Daneben sind Aktiv________[68] in den Uni-Klubs au________[69] ein wichtiger Te________[70] ihres Alltags. Dar________[71] hinaus gehen vi________[72] von ihnen no________[73] jobben. Es i________[74] nachvollziehbar, dass ih________[75] nicht viel Ze________[76] zum Lernen bl________[77].

5 スケッチの確認

余力がある人は次の文章をドイツ語に訳してみましょう。

トーマス： やあ、マクシミリアン！9月からは大学で日本学を勉強してるんだよ。日本語の授業の他に、英語で行われる講義とゼミにいくつか参加しているんだ。

マクシミリアン： やあ、トーマス！日本の大学は気に入ってるかい？

トーマス： すごく気に入ってるよ。ドイツでは大学の建物が街に分散していることがよくある。日本では通常、周辺と境界がはっきりした大学のキャンパスがあって、そこにはほとんど学生と教職員だけしかいないんだよ。そこにいると（=そこでは）自由で縛られていないとぼくは感じるよ。勉学に関しては、それほど質が高くないって、日本人の（女性）友だちが言ってたよ。

マクシミリアン： 日本の大学は質が高くて、学生は熱心に学んでいると思ってたよ。

トーマス： ぼくは英語で行われる授業しか出てないから、そのことはぼく自身は判断できないんだ。そこ(英語で行われる授業）には、たくさん留学生がいて、雰囲気が全く違うんだ。もっと日本語ができれば、通常の講義やゼミに出てたんだけど。でも美咲は、ここでは(=日本では）まだ対面型一斉授業が中心で、教員と学生のインタラクションがあまりないって言ってたよ。

マクシミリアン： この国でも（=ドイツでも）対面型一斉授業は普通だよ。

トーマス： うん、でもドイツでは多くのゼミでペアワークやグループワークも組み合わせてるよ。そこではインタラクションもすごく大切だ。その上に、日本の大学生はいつもすごく忙しいんだ。彼らの時間割はいっぱいだよ。同時に、サークル活動も彼らの日常の大切な部分なんだ。さらに、彼らの多くはアルバイトにも行ってる。勉強時間があまり残らないのはわかるよ。

Lektion 12

男女平等の表現

1 キーセンテンス

2-27

1. Für die Bürgerinnen und Bürger ist diese Information wichtig.
2. Die Lehrenden unterrichten Deutsch.
3. Du wirst als Doktorandin aufgenommen.
4. Es gibt verschiedene geschlechtsneutrale Ausdrücke.
5. In diesem Zimmer gibt es 30 StudentInnen.

2 Grammatik

◆ドイツ語の文法性と男女平等

英語でもpolicemanの-manは男性を意味するため、女性警察官を排除しているとの批判のもと、police officerと言い換えるのが一般的になっています。ドイツ語では、文法性（男性・女性・中性）があるため、さらに複雑です。

ちなみに、日本語には文法性が存在しないため、この問題は比較的少ないといえるでしょう。しかし、例えば「看護婦」が、2002年の法律改正により男女を問わず「看護師」に統一されたように、一部の職業名称などでジェンダーの問題が見られます。

ドイツ語でも英語でも、男性形が男女両方を表す基本形として使われてきました。

An dieser Universität gibt es 30.000 Studenten.　この大学には3万人の学生がいます。

ここで言うStudentenは男性名詞Studentの複数形ですが、当然女性も含まれています。このような男女両方を表す男性名詞は「総称男性名詞」（generisches Maskulinum）と呼ばれます。

ドイツ語圏では、1970年代ごろから総称男性名詞は男性中心で好ましくないと批判され、今日ではいろいろな男女平等表記が使われています。しかし、全てを言い換えるには無理があり、また慣れ親しんだ表現を使えなくなることへの抵抗も強く、総称男性名詞は根強く使われ続けています。

以下、紹介する表現については、定着しているものや、賛否分かれているものなど、いろいろありますので、使用するかは皆さんご自身の判断に委ねられます。

1 男女併記形

Meine Damen und Herren!（スピーチで）皆さま　Liebe Bürgerinnen und Bürger! 市民の皆さま！

Für die Bürgerinnen und Bürger ist diese Information wichtig.　市民にとって、この情報は重要です。

2 分詞の名詞化による中立的表現

(a) 現在分詞：語幹＋d　lehren ➡ lehren**d** ➡ 名詞化 **L**ehrend**e**

Die Lehrenden unterrichten Deutsch.　この先生たちはドイツ語を教えています。

例 Studierende（← Student）大学生、Teilnehmende（← Teilnehmer）参加者　など

(b) 過去分詞　interessieren ➡ interessiert ➡ 名詞化 Interessierte
Durch diese Werbung können wir mehr Interessierte gewinnen.
この広告でもっと多くの関心者を募ることができます。

r Interessent［総称男性形］関心のある人

3 別の語で言い換える

r Lehrer ➡ e Lehrkraft (*pl.* Lehrkräfte), e Lehrperson, r Lehrkörper
e Mannschaft チーム（Mannが入っているので問題視された）➡ s Team
Die deutsche Frauenmannschaft hat gegen England gewonnen.
ドイツの女性チームはイギリスに勝ちました。

➡ Das deutsche Frauenteam hat gegen England gewonnen.

s Vaterland 祖国 ➡ s Heimatland
r Studentenausweis 学生証 ➡ r Studienausweis, r Studierendenausweis

4 女性を表す接尾辞 -in の応用

(a) スラッシュ / をつけることで、-in が付く場合とつかない場合の両方を表現します。
Student/in

(b) 大文字の I
女性を表す接尾辞 -in を -In にして、-in が付く場合とつかない場合の両方を表現します。大文字の I はスラッシュと -in を兼ねていると考えます。
StudentIn
正式な用法とは認められてはいませんが、新聞等でも時々見られます。インフォーマルな文書ではよく見られます。

5 言い換えできないケース

疑問詞 wer「誰が」は男性形の変化をします。
wer［1格］、wessen［2格］、wem［3格］、wen［4格］
男女平等の言い換えはできません。
Wer ist das? この人は誰ですか。（「この人」は当然女性も対象となります。）

- jemand「誰か」、jeder「誰も」など数多くあります。

- r Gast「客」は、r Gastarbeiter「外国人労働者」、r Gasthof「小規模なホテル」、gastfreundlich「おもてなしの」など多くの派生語があって、いずれも高い頻度で使われています。したがって、男性名詞 Gast を回避するのは現実的ではありません。こうした例は他にも数多くあります。

2-28

置き換え練習

音声を聞きながら、指示に従って置き換えましょう。

(1) 男女両方を表記しましょう。 例 Studenten ➡ Studentinnen und Studenten
Lehrer, Teilnehmer, Bürger, Politiker, Leser, Autoren

(2) 現在分詞・過去分詞による男女平等表記に言い換えましょう。 例 Lehrer ➡ Lehrende
Interessenten, Teilnehmer, Autofahrer, Mitarbeiter

2-29

3 スケッチ

トーマスが美咲をイェンスに紹介した後、この三人はドイツ語のジェンダー・ニュートラルな表現について語り合っています。一時はドイツ留学をあきらめていた美咲ですが、ドイツに留学することになりました。

Misaki:	**Ich habe mich entschieden, ab nächstes Jahr in Deutschland zu studieren.**
Thomas:	**Wo in Deutschland wirst du studieren?**
Misaki:	**In Köln. Ich habe mit einem Germanistikprofessor Kontakt aufgenommen. Er ist dazu bereit, mich als Doktorand aufzunehmen.**
Jens:	**Also wurdest du als Doktorandin akzeptiert.**
Misaki:	**Ja. Du möchtest auf das grammatische Geschlecht hinweisen, oder?**
Jens:	**Genau. Als eine Frau müsstest du auf Deutsch „Doktorandin“ sagen.**
Misaki:	**Du hast ja recht. Das grammatische Geschlecht des Deutschen ist sehr kompliziert. Früher konnte man ohne Weiteres sagen, dass jemand „Lehrer“ ist, egal ob die Person weiblich oder männlich war. Darauf muss man aber heute achten.**
Jens:	**Das ist richtig. Du bist sehr gut informiert.**
Misaki:	**Es gibt verschiedene Leitfäden für geschlechtsneutrale Ausdrücke. Statt „Lehrer“ kann man zum Beispiel auch „Lehrende“ sagen.**
Thomas:	**Jetzt habe ich verstanden, warum ich einen „Studierendenausweis“ habe. Früher hieß er „Studentenausweis“.**
Misaki:	**Ja, diese Methode kann man aber nicht immer anwenden. Für „Politiker“ zum Beispiel gibt es keine Alternative.**
Thomas:	**In diesem Fall können wir beide Geschlechter verwenden, wie zum Beispiel „Politikerinnen und Politiker“.**
Jens:	**Politiker sprechen uns in Reden mit „Liebe Bürgerinnen und Bürger“ an.**
Misaki:	**„Politikerinnen und Politiker“! Auf Japanisch haben wir viel weniger Probleme, was geschlechtsneutrale Ausdrücke betrifft, weil wir im Japanischen kein grammatisches Geschlecht haben.**

Thomas: **Vielleicht kannst du darüber deine Doktorarbeit schreiben.**
Misaki: **Das ist auch ein interessantes Thema. Ich habe aber schon ein anderes Thema.**
Thomas: **Ich werde in zwei Jahren nach Deutschland zurückkehren. Wir können uns dann in Deutschland treffen.**
Jens: **Ich bleibe noch länger in Japan. Auf jeden Fall bleiben wir in Kontakt.**

4 練習問題

1. 文法練習 基礎

総称男性形の部分を、男女併記形に書き換えて、全文を和訳しましょう。

(1) Ich muss meine Kollegen fragen.
(2) An dieser Universität gibt es viele internationale Studenten.
(3) Die Zahl der Schüler in dieser Stadt nimmt allmählich ab.
(4) In dieser Firma verdienen die Mitarbeiter viel.
(5) Ich kenne fast alle Musiker im Orchester.

2. 文法練習 応用

男女併記形を総称男性形に書き換えて、和訳しましょう。

(1) Alle Wissenschaftlerinnen und Wissenschaftler müssen sich mit der Forschung beschäftigen.
(2) In diesem Krankenhaus mangelt es an Ärztinnen und Ärzten.
(3) Die Politikerinnen und Politiker müssen über die Rentenreform entscheiden.
(4) Diese Firma verlangt gute Englischkenntnisse von ihren Mitarbeiterinnen und Mitarbeitern.
(5) An der Universität sind fast 100 Professorinnen und Professoren tätig.

3. 聞き取り練習

2-30

4. 対話練習

男性・女性に注意しながら、周りの人と会話しましょう。

A: Was sind Sie von Beruf?

B: Ich bin ～. Und Sie?

A: Ich bin ～

B: Was macht（人の名前）beruflich?

A: Er / Sie ist ～

5. スケッチの復習

スケッチを見ないで空欄を補充しながら音読しましょう（答えは書き込まないでください）。

Misaki: Ich habe mi____[1] entschieden, ab näch____[2] Jahr i____[3] Deutschland zu stud____[4].

Thomas: Wo in Deutschland w____[5] du studieren?

Misaki: ____[6] Köln. Ich ha____[7] mit einem Germanisti____[8] Kontakt aufgenommen. E____[9] ist dazu ber____[10], mich als **Dokt**____[11] aufzunehmen.

Jens: A____[12] wurdest du a____[13] **Doktorandin** akzeptiert.

Misaki: ____[14]. Du möchtest a____[15] das grammatische Gesch____[16] hinweisen, oder?

Jens: G____[17]. Als eine Fr____[18] müsstest du a____[19] Deutsch „Doktorandin“ sa____[20].

Misaki: Du hast j____[21] recht. Das gramma____[22] Geschlecht des Deut____[23] ist sehr kompl____[24]. Früher konnte m____[25] ohne Weit____[26] sagen, da____[27] jemand „Lehrer“ i____[28], egal ob d____[29] Person weiblich od____[30] männlich war. Dar____[31] muss man ab____[32] heute achten.

Jens: ____[33] ist richtig. D____[34] bist sehr g____[35] informiert.

Misaki: Es gi____[36] verschiedene Leit____[37] für geschlechtsneutrale Ausd____[38]. Statt „Leh____[39]“ ka____[40] man zum Beispiel auch „Lehr____[41]“ sagen.

Thomas: Jetzt ha____[42] ich verstanden, wa____[43] ich einen „Studieren____[44]“ habe. Früher hi____[45] er „Studentenausweis“.

Misaki: ____[46], diese Methode ka____[47] man aber ni____[48] immer anwenden. F____[49] „Politiker“ zum Beis____[50] gibt es ke____[51] Alternative.

Thomas: In die____[52] Fall können w____[53] beide Geschlechter ver____[54], wie zum Beispiel „Politikerinnen u____[55] Politiker“.

Jens: Politiker spre____[56] uns in Re____[57] mit „Liebe Bürgerinnen u____[58] Bürger“ ____[59].

Misaki: „Politikerinnen und Poli______[60]"! Auf Japanisch ha______[61] wir viel wen______[62] Probleme, was geschlechts______[63] Ausdrücke betrifft, we______[64] wir im Japan______[65] kein grammatisches Gesch______[66] haben.

Thomas: Vielleicht kan______[67] du darüber de______[68] Doktorarbeit schreiben.

Misaki: Das i______[69] auch ein intere______[70] Thema. Ich ha______[71] aber schon e______[72] anderes Thema.

Thomas: ______[73] werde in zw______[74] Jahren nach Deuts______[75] zurückkehren. Wir kön______[76] uns dann i______[77] Deutschland treffen.

Jens: ______[78] bleibe no______[79] länger in Japan. Auf je______[80] Fall bleiben w______[81] in Kontakt.

5 スケッチの確認

余力がある人は次の文章をドイツ語に訳してみましょう。

美咲： 私は来年からドイツに留学することに決めたのよ。

トーマス： ドイツのどこで勉強するの？

美咲： ケルンよ。ドイツ学の教授と連絡を取ったの。その先生（＝彼）は私を博士課程の学生（Doktorand）として受け入れてくれるって。

イェンス： つまり、Doktorandinとして受け入れてもらえるんだね。

美咲： うん。文法性のことを示したいのよね。

イェンス： まさに。女性として、君はドイツ語では（女性形の）Doktorandinと言わなきゃね。

美咲： それは正しいわ。ドイツ語の文法性はすごく複雑ね。以前は、誰かを、その人が女性か男性かにかかわりなく、例えばLehrer（男性形の教師）ということが問題なくできたわ。しかし、今では性別（＝それ）に注意しなきゃいけないよね。

イェンス： その通りだよ。君はよく知ってるね。

美咲： 性差に中立的な表現のための、いろんな手引きを使うことができるよね。例えばLehrer（男性形）の代わりに、Lehrende（現在分詞の名詞化）ということができるよ。

トーマス： どうしてぼくはStudierendenausweis（学生証）を持っているのか、今わかったよ。以前はStudentenausweisと言っていたよね。

美咲： うん、でもこの方法はいつも使えるわけじゃないよ。例えばPolitiker（政治家）には他の言い方はないね。

トーマス： この場合には、Politikerinnen und Politikerのように、両方の性を併記できるよね。

イェンス： 政治家（Politiker）はスピーチで「市民の皆さま」Liebe Bürgerinnen und Bürgerと問いかけるね。

美咲： Politikerinnen und Politiker（男女併記法）ね*。日本語では、性差に中立的な表現に関しては、文法性がないので、ずっと問題が少ないのよ。

トーマス： 君ならそのことについて博士論文を書けるかもね。

美咲： これは面白いテーマよね。だけど、私はもう他のテーマに決めてるから。

トーマス： ぼくはあと2年間でドイツに戻るんだ。そしたら、ぼくたちはドイツで会えるね。

イェンス： ぼくはまだしばらく日本にいるよ。何れにせよ、連絡を取り合おう。

＊ イェンスが言ったPolitikerを訂正する意図での発言です。

主要不規則動詞変化表

不定詞	直説法現在		過去基本形	接続法第 II 式	過去分詞
backen (パンなどを) 焼く	*du* *er*	bäckst (backst) bäckt (backt)	**backte** **(buk)**	backte (büke)	**gebacken**
befehlen 命令する	*du* *er*	befiehlst befiehlt	**befahl**	befähle/ beföhle	**befohlen**
beginnen 始める、始まる			**begann**	begänne/ begönne	**begonnen**
bieten 提供する			**bot**	böte	**geboten**
binden 結ぶ			**band**	bände	**gebunden**
bitten 頼む			**bat**	bäte	**gebeten**
bleiben とどまる			**blieb**	bliebe	**geblieben**
braten (肉などを) 焼く	*du* *er*	brätst brät	**briet**	briete	**gebraten**
brechen 破る、折る	*du* *er*	brichst bricht	**brach**	bräche	**gebrochen**
brennen 燃える			**brannte**	brennte	**gebrannt**
bringen 運ぶ、持ってくる			**brachte**	brächte	**gebracht**
denken 考える			**dachte**	dächte	**gedacht**
dürfen …してもよい	*ich* *du* *er*	darf darfst darf	**durfte**	dürfte	**gedurft** **dürfen**
empfehlen 推薦する	*du* *er*	empfiehlst empfiehlt	**empfahl**	empföhle/ empfähle	**empfohlen**
erschrecken 驚く	*du* *er*	erschrickst erschrickt	**erschrak**	erschräke	**erschrocken**
essen 食べる	*du* *er*	isst isst	**aß**	äße	**gegessen**
fahren (乗物で) 行く	*du* *er*	fährst fährt	**fuhr**	führe	**gefahren**
fallen 落ちる	*du* *er*	fällst fällt	**fiel**	fiele	**gefallen**

不定詞	直説法現在		過去基本形	接続法第 II 式	過去分詞
fangen 捕える	*du* *er*	fängst fängt	**fing**	finge	**gefangen**
finden 見つける			**fand**	fände	**gefunden**
fliegen 飛ぶ			**flog**	flöge	**geflogen**
fliehen 逃げる			**floh**	flöhe	**geflohen**
fließen 流れる			**floss**	flösse	**geflossen**
frieren 凍る			**fror**	fröre	**gefroren**
geben 与える	*du* *er*	gibst gibt	**gab**	gäbe	**gegeben**
gehen 行く			**ging**	ginge	**gegangen**
gelingen 成功する			**gelang**	gelänge	**gelungen**
gelten 値する、有効である	*du* *er*	giltst gilt	**galt**	gölte	**gegolten**
genießen 享受する、楽しむ			**genoss**	genösse	**genossen**
geschehen 起こる	*es*	geschieht	**geschah**	geschähe	**geschehen**
gewinnen 獲得する、勝つ			**gewann**	gewönne/ gewänne	**gewonnen**
graben 掘る	*du* *er*	gräbst gräbt	**grub**	grübe	**gegraben**
greifen つかむ			**griff**	griffe	**gegriffen**
haben 持っている	*ich* *du* *er*	habe hast hat	**hatte**	hätte	**gehabt**
halten 持って (つかんで) いる	*du* *er*	hältst hält	**hielt**	hielte	**gehalten**
hängen 掛っている			**hing**	hinge	**gehangen**
heben 持ち上げる			**hob**	höbe	**gehoben**

不定詞		直説法現在	過去基本形	接続法第 II 式	過去分詞
heißen …と呼ばれる、という名前である			**hieß**	hieße	**geheißen**
helfen 助ける	*du* *er*	hilfst hilft	**half**	hülfe/ hälfe	**geholfen**
kennen 知る			**kannte**	kennte	**gekannt**
kommen 来る			**kam**	käme	**gekommen**
können …できる	*ich* *du* *er*	kann kannst kann	**konnte**	könnte	**gekonnt** **(können)**
laden (荷を) 積む	*du* *er*	lädst lädt	**lud**	lüde	**geladen**
lassen …させる	*du* *er*	lässt lässt	**ließ**	ließe	**gelassen** **(lassen)**
laufen 走る	*du* *er*	läufst läuft	**lief**	liefe	**gelaufen**
leiden 悩む、苦しむ			**litt**	litte	**gelitten**
leihen 貸す、借りる			**lieh**	liehe	**geliehen**
lesen 読む	*du* *er*	liest liest	**las**	läse	**gelesen**
liegen 横たわっている			**lag**	läge	**gelegen**
lügen うそをつく			**log**	löge	**gelogen**
messen 測る	*du* *er*	misst misst	**maß**	mäße	**gemessen**
mögen …かもしれない	*ich* *du* *er*	mag magst mag	**mochte**	möchte	**gemocht** **(mögen)**
müssen …ねばならない	*ich* *du* *er*	muss musst muss	**musste**	müsste	**gemusst** **(müssen)**
nehmen 取る	*du* *er*	nimmst nimmt	**nahm**	nähme	**genommen**
nennen …と呼ぶ			**nannte**	nennte	**genannt**

不定詞	直説法現在		過去基本形	接続法第 II 式	過去分詞
raten 助言する	*du* *er*	rätst rät	**riet**	riete	**geraten**
reißen 引きちぎる	*du* *er*	reißt reißt	**riss**	risse	**gerissen**
reiten (馬で) 行く			**ritt**	ritte	**geritten**
rennen 走る			**rannte**	rennte	**gerannt**
rufen 叫ぶ、呼ぶ			**rief**	riefe	**gerufen**
schaffen 創造する			**schuf**	schüfe	**geschaffen**
scheinen 輝く、思われる			**schien**	schiene	**geschienen**
schieben 押す			**schob**	schöbe	**geschoben**
schießen 撃つ			**schoss**	schösse	**geschossen**
schlafen 眠っている	*du* *er*	schläfst schläft	**schlief**	schliefe	**geschlafen**
schlagen 打つ	*du* *er*	schlägst schlägt	**schlug**	schlüge	**geschlagen**
schließen 閉じる			**schloss**	schlösse	**geschlossen**
schmelzen 溶ける	*du* *er*	schmilzt schmilzt	**schmolz**	schmölze	**geschmolzen**
schneiden 切る			**schnitt**	schnitte	**geschnitten**
schreiben 書く			**schrieb**	schriebe	**geschrieben**
schreien 叫ぶ			**schrie**	schrie	**geschrien**
schweigen 沈黙する			**schwieg**	schwiege	**geschwiegen**
schwimmen 泳ぐ			**schwamm**	schwömme	**geschwommen**
schwinden 消える			**schwand**	schwände	**geschwunden**

不定詞	直説法現在		過去基本形	接続法第 II 式	過去分詞
sehen 見る	*du* *er*	siehst sieht	**sah**	sähe	**gesehen**
sein …である	*ich* *du* *er* *wir* *ihr* *sie*	bin bist ist sind seid sind	**war**	wäre	**gewesen**
senden 送る（、放送する）			**sandte/** **sendete**	sendete	**gesandt/** **gesendet**
singen 歌う			**sang**	sänge	**gesungen**
sinken 沈む			**sank**	sänke	**gesunken**
sitzen 座っている	*du* *er*	sitzt sitzt	**saß**	säße	**gesessen**
sollen …すべきである	*ich* *du* *er*	soll sollst soll	**sollte**	sollte	**gesollt** **(sollen)**
sprechen 話す	*du* *er*	sprichst spricht	**sprach**	spräche	**gesprochen**
springen 跳ぶ			**sprang**	spränge	**gesprungen**
stechen 刺す	*du* *er*	stichst sticht	**stach**	stäche	**gestochen**
stehen 立っている			**stand**	stände/ stünde	**gestanden**
stehlen 盗む	*du* *er*	stiehlst stiehlt	**stahl**	stähle/ stöhle	**gestohlen**
steigen 登る			**stieg**	stiege	**gestiegen**
sterben 死ぬ	*du* *er*	stirbst stirbt	**starb**	stürbe	**gestorben**
stoßen 突く	*du* *er*	stößt stößt	**stieß**	stieße	**gestoßen**
streichen なでる			**strich**	striche	**gestrichen**
streiten 争う			**stritt**	stritte	**gestritten**

不定詞	直説法現在		過去基本形	接続法第 II 式	過去分詞
tragen 運ぶ	*du* *er*	trägst trägt	**trug**	trüge	**getragen**
treffen 当たる、会う	*du* *er*	triffst trifft	**traf**	träfe	**getroffen**
treiben 追い立てる			**trieb**	triebe	**getrieben**
treten 歩む、踏む	*du* *er*	trittst tritt	**trat**	träte	**getreten**
trinken 飲む			**trank**	tränke	**getrunken**
tun する	*ich* *du* *er*	tue tust tut	**tat**	täte	**getan**
vergessen 忘れる	*du* *er*	vergisst vergisst	**vergaß**	vergäße	**vergessen**
verlieren 失う			**verlor**	verlöre	**verloren**
wachsen 成長する	*du* *er*	wächst wächst	**wuchs**	wüchse	**gewachsen**
waschen 洗う	*du* *er*	wäschst wäscht	**wusch**	wüsche	**gewaschen**
wenden 向ける、裏返す			**wandte/** **wendete**	wendete	**gewandt/** **gewendet**
werben 得ようと努める	*du* *er*	wirbst wirbt	**warb**	würbe	**geworben**
werden …になる	*du* *er*	wirst wird	**wurde**	würde	**geworden** **(worden)**
werfen 投げる	*du* *er*	wirfst wirft	**warf**	würfe	**geworfen**
wissen 知る	*ich* *du* *er*	weiß weißt weiß	**wusste**	wüsste	**gewusst**
wollen …しようと思う	*ich* *du* *er*	will willst will	**wollte**	wollte	**gewollt** **(wollen)**
ziehen 引く、移動する			**zog**	zöge	**gezogen**
zwingen 強要する			**zwang**	zwänge	**gezwungen**

ドイツ語エコー 2
〈中級編〉

検印省略

©2020年1月30日　初版発行

著　者　高 橋 秀 彰

発行者　原　雅 久

発行所　株式会社 朝 日 出 版 社
〒101-0065 東京都千代田区西神田 3-3-5
TEL (03) 3239-0271・72（直通）
振替口座　東京 00140-2-46008
http://www.asahipress.com
メディアアート／図書印刷

ISBN978-4-255-25423-4 C1084

初級者に優しい 独和辞典

今ドイツ人が日常使っている言葉で学ぶ学習辞典

早川東三
伊藤眞
Wilfried Schulte
＝著

B6変型判／750頁／2色刷／発音カナ表記／見出し語15,000

定価
［本体2,000円＋税］

独学！ わかるぞ ドイツ語

CD付

これさえあれば独りでドイツ語がマスター出来る！

岡田朝雄＝著　A5判／240頁
定価［本体2,400円＋税］

『時事ドイツ語』バックナンバー

各年度版：定価［本体1,500円＋税］

- **ストリーミング音声、和訳例、解答例付き**
- **「政治、社会、経済、スポーツ」などの出来事を年ごとに紹介**
- **紙書籍：毎年新刊を発行**（但し、訳・解答なし）、**電子版：紙書籍の２年前までをご用意**（古い年度のものは、随時刊行予定）

見本はこちらから

アマゾンKindle、紀伊國屋書店Kinoppy、楽天Kobo、BookLive!、hontoなどの電子書籍店でご購入いただけます。専用端末以外でも、お手持ちのスマートフォンやタブレット（iOS、Android）でお読みいただけます。

※pdfサンプルのため、実際の各種リーダー・アプリの操作、見え方とは異なる場合がございます。

●目と耳で効率的に学ぶ！

無料！

ドイツ語 電子単語帳

基礎約500語を厳選！

ここからスタート

（株）朝日出版社 第一編集部　〒101-0065 東京都千代田区西神田 3-3-5　TEL：03-3239-0271